U0424077

IINTRODUCING WALTER BENJAMIN: A GRAPHIC GUIDE by
HOWARD CAYGILL, ALEX COLES, ANDRZEJ KLIMOWSKI
Copyright: TEXT COPYRIGHT©1998 BY HOWARD CAYGILL,
ALEX COLES&RICHARD APPIGNANESI, ILLUSTRATIONS
COPYRIGHT©2014 ICON BOOKS LTD
This edition arranged with THE MARSH AGENCY LTD&Icon Books Ltd.
through BIG APPLE AGENCY, INC., LABUAN, MALAYSIA.
Simplified Chinese edition copyright:
2021 SDX JOINT PUBLISHING CO. LTD.
All rights reserved.

图画通识丛书
A Graphic Guide

本雅明

Introducing Benjamin

霍华德·凯吉尔（Howard Caygill）
亚历克斯·科尔斯（Alex Coles）/ 文
安德泽耶·科里莫夫斯基（Andrzej Klimowski）/ 图
姜雪 / 译

Simplified Chinese Copyright © 2021 by SDX Joint Publishing Company.
All Rights Reserved.
本作品简体中文版权由生活·读书·新知三联书店所有。
未经许可，不得翻印。

图书在版编目（CIP）数据

本雅明／（英）霍华德·凯吉尔（Howard Caygill），（英）亚历克斯·科尔斯（Alex Coles）文；（英）安德泽耶·科里莫夫斯基（Andrzej Klimowski）图；姜雪译．—北京：生活·读书·新知三联书店，2021.1

（图画通识丛书）

ISBN 978-7-108-06886-6

Ⅰ.①本⋯　Ⅱ.①霍⋯②亚⋯③安⋯④姜⋯
Ⅲ.①本亚明（Benjamin, Walter 1892-1940）—传记　Ⅳ.① B516.59

中国版本图书馆 CIP 数据核字（2020）第 111160 号

责任编辑	周玖龄
装帧设计	张　红
责任校对	曹秋月
责任印制	徐　方
出版发行	生活·讀書·新知 三联书店
	（北京市东城区美术馆东街 22 号　100010）
网　　址	www.sdxjpc.com
图　　字	01-2018-7544
经　　销	新华书店
印　　刷	北京隆昌伟业印刷有限公司
版　　次	2021 年 1 月北京第 1 版
	2021 年 1 月北京第 1 次印刷
开　　本	787 毫米 × 1092 毫米　1/32　印张 5.75
字　　数	100 千字　图 174 幅
印　　数	0,001-8,000 册
定　　价	39.00 元

（印装查询：01064002715；邮购查询：01084010542）

目录

- 001 充满激情的批评家
- 002 柏林童年快照
- 012 四处悠游的哲学系学生
- 016 康德和新康德主义
- 017 先验论
- 018 现象学
- 022 犹太复国主义：赞成还是反对？
- 024 "1914年8月4日那天，你在做什么？"
- 026 背叛和革命
- 028 如何逃避兵役
- 030 与格雄·朔勒姆的友谊
- 034 古希腊悲剧
- 035 悲苦剧
- 036 论语言
- 039 自由经验
- 040 色彩经验
- 042 德国浪漫派的艺术批评
- 044 毁灭的概念
- 045 与父母的争执
- 046 失败的编辑
- 048 与格奥尔格圈子的矛盾
- 050 《亲和力》的故事
- 052 本雅明的亲和力
- 054 批评家的任务
- 056 译者的任务
- 058 藏书家……
- 059 ……& 媒体人
- 060 里格尔对决沃尔夫林
- 062 从触觉到视觉的转变
- 066 解体的美学观
- 068 里格尔的结构主义
- 069 艺术批评家的任务

- 070 儿童图书
- 072 线条还是色彩?
- 074 技术的光学镜
- 075 收藏家
- 076 游民本雅明
- 077 初识马克思主义
- 080 中介
- 081 物化
- 082 布尔什维克的宣判
- 083 那不勒斯的多孔性
- 084 空间与时间的多孔性
- 086 独裁者的访问
- 087 初遇拱廊街
- 089 跳到未来看一看……
- 090 过去、现在和未来
- 091 莫斯科日记
- 096 统治暴力
- 098 资本主义的宗教
- 101 德意志悲苦剧的起源
- 102 什么是"巴洛克"?
- 104 政治神学
- 106 虚无主义的玩具箱
- 108 象征、寓言和毁灭
- 110 一桩大学丑闻
- 112 学者眼中的童话
- 113 单行道
- 114 单行道即景:文字
- 116 ……和技术
- 117 超现实主义者本雅明
- 118 "特迪"和"贝尔特"
- 119 法兰克福研究所
- 120 同中有异
- 122 "以柔克刚"
- 123 "过去的现在,当下"
- 124 蒙太奇的技艺
- 125 黑暗时代开始了
- 126 大独裁者……
- 127 ……看上去像查理·卓别林
- 128 作为生产者的作者
- 130 复制的时代
- 131 画家和摄影师
- 132 大规模复制
- 133 光晕的历史
- 135 光晕的衰退
- 136 不确定性和模糊性
- 138 对本雅明立场的批判
- 140 卡夫卡和本雅明的神秘主义
- 142 卡巴拉

- 143 哪一个本雅明?
- 144 拱廊计划的起源
- 145 一个核心的建筑主题
- 146 马拉松式的计划
- 147 唯物主义的腹语术
- 148 特立独行的历史学家
- 149 幻象与辩证意象
- 150 巴黎，19世纪的首都
- 162 和研究所的冲突
- 163 危机重重的流亡
- 164 最后一次离开……
- 165 神学与历史
- 166 "提纲"摘选
- 168 时间不多了……
- 170 辗转于途中
- 171 末日
- 172 延伸阅读
- 177 致谢
- 177 关于作者

充满激情的批评家

瓦尔特·本雅明回避对他的任何分类。他似乎很满意"批评家"这个称谓。不过,作为批评家的他却非同寻常,不仅激情四溢、学识渊博、手法精湛,还改变了通常被称作是批评的事物的本质。他向多个领域都投去研究的目光:哲学、语言、艺术、建筑、摄影、历史、犹太神秘主义和马克思主义,且都不是浅尝辄止,而是挖掘到了它们的根基深处。

> 每个过去的意象,如果不被当下认识到是它自己的关切之一,就可能面临无可挽回地消失的危险。

如果这本书能够帮助读者穿越本雅明作品那令人眩晕的迷宫,那么及至文末,我们将会发现一位"**寓言家**"本雅明。

柏林童年快照

1892年7月15日,瓦尔特·本雅明出生于柏林。父亲名叫埃米尔,是一名商人;母亲保莉妮,娘家姓舍恩弗利斯。他们都是没有改宗基督教的犹太教徒,不过和其他的许多教徒一样,他们也没有那么严守清规。

尽管童年平淡无奇,但它在我的余生中却不可思议地挥之不去。

在考虑自杀的1932年,本雅明写下一系列回忆录追忆童年,其中包括《柏林纪事》("Berlin Chronicle")和《1900年前后的柏林童年》("A Berlin Childhood Around 1900")。这些文本的混合特质(既是文化批评,也是个人反思)充分展现了本雅明作品的复杂性:跨越学科边界,打破体裁常规。

以马赛克拼贴的意象呈现方式，本雅明像拍快照一样让他的回忆——浮现，这种手法后来还被他运用到了历史哲学论纲的创作中。他还记得小时候跟随母亲外出购物时总是满不情愿，故意走得比母亲滞后半步。

在另一幅意象里，本雅明记起自己曾目睹一个三明治人*在徒劳地分发传单。

他尤为兴奋地回忆起自己阅读最新一期《德国青年新伙伴》(New Companion to German Youth) 的情景。那是在夜里，他一个人躲在被窝，偷偷地翻看那些关于狩猎和间谍的故事。

---

* 三明治人：身体前后都挂着广告牌的人。——译者注

这些回忆中的许多意象都带有一种灾难和绝望的感觉,比如那场洪水,年幼的本雅明因此而滞留在柏林主要的购物大街——库达姆大街(Kurfürstendamm)上。

我强烈地感到自己暴露在大自然的原始力量前,这股力量把这座城变成了一片原始森林。

撰写回忆录的那段时间，本雅明嗜食大麻，有些意象就体现出吸食大麻后的影响。比如在回忆公园里的柏林胜利纪念柱时，就出现了这样的文字："哦，烤成棕色的凯旋柱 / 带着冬日里孩子们的糖。"死亡的阴影始终萦绕在这些意象周围。

这里我们看到了能证明本雅明独特洞察力的一例："以微末之物"呈现死亡。

本雅明终其一生都对资产阶级的豪华居室——陈设过于繁复的客厅——怀有一种恐惧和迷恋。

这些居室奢侈有余，舒适不足。正像本雅明所说："那里没有死亡的空间——这就是为什么它们的主人选择在疗养院里死去，而家具则径直去了旧货商那里。"

当小小年纪的本雅明为拍摄单人照和全家福而摆出各种姿势时,他就已经开始与艺术打交道了。

我记得自己对摄影师那"要看起来像你本人"的要求困惑不已。

尤其让他感到难办的是,有一次他不得不站在一幅画质粗糙的阿尔卑斯山幕布前摆造型。他手拄登山杖,不戴帽子,一身运动装,双眼眺望远方,嘴角只咧出一丝不自然的微笑。

比起在学校里，本雅明在家和摄影棚里受到的折磨还是要轻得多。他就读于柏林富人区夏洛滕贝格西区的腓特烈大帝学校（Kaiser Friedrich School），在那里他得到了少数权贵阶层才享有的教育。学校教师的教学态度和授课内容从学校名称上也可见一斑。德意志帝国军队的精神无时无刻不在被强调，还有那句要求学生不懈努力的规劝——"如果我休息，我就会生锈"。教师们是一群拙劣的模仿皇帝举止的怪人，丝毫没有看出这名学生的远大前程。他们认为他"品行端正，但字迹潦草"。

例行程序、仪式和司空见惯的羞辱，让本雅明对学校的纪律深恶痛绝，这促使他的父母在他 14 岁那年把他转到了一所乡下的实验学校——图林根州的豪宾达学校。在那里就读的两年间，他得到了教育改革家古斯塔夫·维内肯（Gustav Wyneken）的亲自教导。

他是对我影响最大的人之一。

维内肯向本雅明介绍了蓬勃发展的德国青年运动，该运动由各自独立的青年人团体和组织组成。

从徒步旅行者和漫游者俱乐部,到态度暧昧的无政府主义组织,这些团体组织类型多样,不一而足。维内肯曾鼓励本雅明加入其中的一个。不过,它们中间也有反犹团体和纳粹的早期组织,比如帝国忠诚青年团。本雅明变成了一个叛逆青年,在全国各地巡回演讲,还为《青年》杂志撰稿,阐述年轻人追随自己意愿的必要性。

四处悠游的哲学系学生

像那时和现在的许多德国大学生一样,本雅明在多所大学就读过。在腓特烈大帝学校读书时,他的文学成绩很好,数学却很糟糕。离开该校后,他进行了一次为期不短的意大利之旅。1912年,20岁的他在布赖斯高的弗莱堡大学注册学习哲学,去听了新康德主义哲学家**海因里希·李凯尔特**(Heinrich Rickert, 1863—1936)的讲座,但感觉非常乏味。

科学只能为现实中已然存在的**诸多**世界观建立**明晰的**概念,从而成为一种关于世界观的**学说**。

他坐在后排不胜其烦,提笔给他的朋友赫伯特·贝尔莫尔(Herbert Belmore)作了一首戏谑小诗:"科学是母牛 / 我来竖耳听 / 我坐讲堂中 / 只闻哞哞哞。"

当时的听众席上还有另一位大学生，哲学家**马丁·海德格尔**（Martin Heidegger，1889—1976）。本雅明后来对海德格尔的评论远称不上赞赏，不过并没有记录证明他们见过面或有过任何切磋。

海德格尔从来没有在任何作品或感想中提过本雅明。

从1912年到1915年,本雅明辗转于弗莱堡大学、柏林大学和慕尼黑大学学习哲学。除此之外,他还修了艺术和文学史课程。和当时许多在柏林求学的人一样,他也参加了当时颇具影响力的社会学家和文化历史学家**格奥尔格·西美尔**(Georg Simmel, 1858—1918)的课程。

正是在西美尔的影响下,本雅明迷恋上了现代都市生活经验。

1915年,本雅明在慕尼黑大学参加了当时著名的艺术史学家、巴洛克艺术研究专家**海因里希·沃尔夫林**(Heinrich Wölfflin, 1864—1945)的课。不过他并没有给本雅明留下什么深刻印象。"他绝不是一个天赋异禀的人,他天生对艺术的感受并不比常人更多,但却动用了自己全部的人格力量和才智(这些都与艺术无关)来弥补这一缺陷。"

如果考虑到本雅明对艺术和巴洛克时代的研究志趣,那么他对沃尔夫林的敌意就显得非常有趣,我们随后就会看到。

康德和新康德主义

本雅明当时学习的那种哲学被称为新康德主义,它是康德的认识论在 19 世纪后期发展出的一种形态。在《纯粹理性批判》(1781)中,**伊曼努尔·康德**(Immanuel Kant, 1724—1804)彻底摧毁了形而上学的自我标榜,即认识论层面上的**超验**理想。比如,按照康德的说法,灵魂的概念就是超验的:它是一种无法观测的实体,因此,对于依赖原始感觉材料的我们的意识来说,它就是不可知的。但超验与**先验**之间是存在区别的。

先验是概念的一套逻辑装备,为所有人的意识所共有;由于它负责把**经验**组织起来,因此在逻辑上是先于经验的。

先验论

康德说，概念是**逻辑在先**的。在形而上学遭到重创之后，新康德主义者就是在牢牢把握康德这句话的基础上来发展他们的认识论的，也就是所谓的**先验论**或**先验认识论**。与经验论相反，先验论认为，存在不依靠经验来证明其合理性的实体性知识：例如，"凡事皆有因"。当然，这种先验知识仍然是形而上学的。

经验——这才是我感兴趣的！

先验论认为，新知识的发现在纯粹理性的力量范围内，无须经验的辅助。

无须经验的辅助？嗯……

我们随后将会看到，本雅明正是从激进的新康德主义中发展出了他自己的认识论。

现象学

本雅明还接触到**埃德蒙德·胡塞尔**（Edmund Husserl, 1859—1938）精心构建的现象学，彼时正逢该学派的兴起。现象学运用的描述心理学方法是先验论的进一步延伸，其研究对象是思想中的逻辑要素，而这些逻辑要素对于所有人的意识来说都是共有的。

我们首先要通过去除，即"加括号"的方法，才能展开对心理过程的考察（所有与接受考察的心理过程相关的原因假设、结果假设以及意义假设，都要先搁置一旁）。

我将这种方法运用到了对意识的存在状态的研究中，此世之存在就在该状态下得以显现。

海德格尔对李凯尔特和胡塞尔卑躬屈膝的样子实在令人不齿——他对时间的阐述简直荒唐至极！

在这几年四处游学的学术研究时期,本雅明还同时投身于青年运动。他在柏林青年运动组织委员会任职,并为青年人做了一系列关于青年人的讲座。

我们看到,本雅明把他所投身的青年事业和他的研究结合起来,梳理出青年运动的哲学理念。

本雅明使用新康德主义的词汇，但却是为了将其用于青年运动内部的理论争辩。在诸如《青年形而上学》（"The Metaphysics of Youth"，1913—1914）和《大学生生活》（"Student Life"，1915）等文章中，本雅明围绕历史时间、经验和美学，精心阐述了一种另类而又具独创性的哲学立场，这为他后来的研究工作奠定了基础。这种哲学既高度抽象，又与具体的经验相连，有如写日记一般。

带上我即将书写的日记本，旅行才算是真正开启了篇章。

从很多方面来看，本雅明的早期作品都预示了他后期思想的发展，正如这段话所表述的那样："所有的未来都是过去。事物的过往就是'我的'未来。但凡往事皆有未来。"

犹太复国主义:赞成还是反对?

第一次世界大战前夕,青年运动逐渐分裂为自由派、民族主义派和原始法西斯主义派。鉴于这种情况,人们围绕犹太成员的贡献情况展开了激烈的讨论。事实上,在犹太人内部,这样的讨论就已在青年运动的不同发展阶段反复出现,争辩通常发生在归化的犹太人和犹太复国主义者之间。1912年夏天,本雅明就同他的朋友库尔特·图克勒(Kurt Tuchler)一起在海滩上探讨犹太复国主义的问题,两人每天,甚至每个小时都在争论不休。

本雅明并不是犹太归化主义自由派的狂热支持者，该派别主张犹太人要么把犹太教当作一种"星期天宗教"，要么改宗基督教，融入民族共同体。但对待狂热的犹太复国主义先驱**西奥多·赫茨尔**（Theodor Herzl, 1860—1904），本雅明也并不完全认同他最先提出的犹太复国目标。

"1914年8月4日那天,你在做什么?"

在柏林西区的一家波西米亚咖啡馆的门外,本雅明看了眼手表。"那时,我还没有等待的热情,而没有这种热情,一个人就不可能彻底领略咖啡馆的魅力。"在巴黎,**马塞尔·普鲁斯特**(Marcel Proust, 1871—1922)那天晚上很早就上床睡觉了。在布拉格,**弗朗茨·卡夫卡**(Franz Kafka, 1883—1924)在日记里写道:"战争开始了,去游了个泳。"在维也纳,**阿道夫·希特勒**(Adolf Hitler, 1889—1945)因为战争的消息欣喜若狂——《我的奋斗》(*Mein Kampf*)里如是记载。

我双膝跪下,百感交集,感谢上天赐予我这样的福运,能让我在这个时候还能保全性命。

第一次世界大战的爆发导致青年运动走入了尾声。他们中的民族主义派成员欢欣鼓舞,迫不及待地应征入伍奔赴前线。

起初,更倾向自由主义的青年运动成员对战争表现得漠不关心。而当他们的偶像维内肯、西美尔等人纷纷发表宣言支持德国发动战争,以"文化"反对英法的物质"文明"——这些支持德国战争的理想主义宣言,无异于楷模们加之于自身的耻辱——时,他们对战争的敌意就变得愈发强烈。本雅明的两位诗人朋友弗里茨·海因勒(Fritz Heinle)和丽卡·塞利格森(Rika Seligson)以双双自杀的方式宣示自己的反战立场,这起悲惨事件对本雅明最初的战争经验影响颇大。

围绕在这种行动周围的消耗和无益感一直伴随着我的余生。

背叛和革命

要把握本雅明的思想历程，需要首先对第一次世界大战前后的德国政治气候有所了解。1875 年，马克思主义者和其他社会主义者共同创建了社会民主党，它迅速成为全世界发展最快的工人政党，并在议会中争取到大量议席。各地的社会主义者都对德国社会民主党推崇有加，把它视为 1889 年成立的第二国际的模范政党（第一国际，1864—1872，由马克思等人创立）。然而到了 1914 年，德国、法国、比利时和其他国家的社会主义者纷纷奔赴前线保卫各自的国家，工人阶级大团结的国际理想也就轰然破灭了。

国际主义崩溃了，蜕变成敌对的民族主义！

弗拉基米尔·伊里奇·列宁（V.I. Lenin, 1870—1924）是俄国社会民主工党布尔什维克派的领袖，他和其他一些马克思主义者被这一背叛行为激怒，决心要把这场危机转化为**革命**。

随着布尔什维克1917年发动的十月革命的胜利和共产国际的成立,列宁事实上在俄国成功地实现了这个目标。1918年德意志帝国战败,促使人们纷纷效法列宁,尝试在巴伐利亚、不来梅、基尔和柏林建立"苏维埃"的政权组织形式,然而他们却遭到由保守的社会民主党、军队和右翼民兵组织建立的联盟的残酷镇压。社会民主党的"叛徒"在1919年建立了魏玛共和国,这既没有让左翼和共产党人满意,也没有让极右的民族主义分子满意,后者在1933年把希特勒拥上了权力的宝座。

魏玛共和国持续不断地发生社会和政治危机,恶性通货膨胀是其中最为严重的问题。按照1913年的物价指数,一个德国马克相当于1923年的12610亿马克!

如何逃避兵役

整个战争期间本雅明都坚持反战原则,于是,他的原则转化成了一连串稀奇古怪的逃避兵役的尝试。

在1914年针对他这个年龄段的兵役征召中,本雅明假扮自己是麻痹症患者。

1915年10月20日的晚上,也就是再次征兵体检的前夜,他通宵喝了大量黑咖啡,好让自己第二天早上看起来虚弱不堪。

1916年12月28日,他被鉴定为体格健康,并接到命令于1917年1月8日赴前线报到。他的未婚妻朵拉·波拉克(Dora Poliak)使出另一招数搭救了他。

我对本雅明施了催眠术,让他产生了坐骨神经痛的症状。

本雅明是在柏林的知识分子圈里结识朵拉的。他们于 1917 年 4 月 17 日结婚。1918 年 4 月 11 日，他们的儿子斯特凡（Stefan）出生。1917 年，本雅明携朵拉前往中立国瑞士，他在伯尔尼大学注册，开始攻读博士学位，研究康德和浪漫派。

1919 年，我完成了我的博士学位论文《**德国浪漫派的艺术批评概念**》("The Concept of Art Criticism in German Romanticism"）。

为了更好地理解本雅明的博士论文，我们不妨先来考察一下本雅明在 1916 年夏天写下的一系列重要片论。这些片论受到了他新结识的朋友的启发，他就是犹太神秘主义思想研究的开创者**格雄·朔勒姆**（Gershom Scholem, 1897—1982）。

与格雄·朔勒姆的友谊

在回忆录《一个友谊的故事》(The Story of a Friendship)里,朔勒姆回顾了他与本雅明的友谊。他第一次见到本雅明是在1915年,在一次由青年运动和犹太复国主义青年组织在柏林举行的会议上。八十位年轻人齐聚一堂,讨论他们的德国传统和犹太传统的关系问题。对于本雅明迂回复杂的讲话内容,朔勒姆已经记不清,但却对他与众不同的公开演讲方式印象深刻。

朔勒姆和朵拉合谋想出各种怪招,好让本雅明被鉴定为不适合服役,三人因此成了密友。1918 年 5 月,朔勒姆跟随他们来到瑞士,目睹了本雅明和朵拉婚姻生活中的各种阴晴无常。

朵拉非常好交际,而且活泼——与本雅明正好相反。

我在伯尔尼见到了哲学家恩斯特·布洛赫(Ernst Bloch)和达达主义艺术家特里斯坦·查拉(Tristan Tzara),然而……

然而他多数时候总是一个人埋首学问!

朔勒姆和本雅明之间逐渐形成了相互助益的智识往来,思想成果极为丰富,这段友谊一直保持到本雅明去世——到了后期,他们是通过一系列令人称道的书信保持联系的。

尽管朔勒姆最初同犹太复国主义者关系密切，但他的立场还是矛盾的，这就为他与本雅明的交往提供了必要的共同基础。对当时著名的犹太知识领袖**马丁·布伯**（Martin Buber, 1878—1965），二人都持批判态度。布伯在 1933 年以前一直在法兰克福任宗教学教授，1938 年起在耶路撒冷担任社会哲学教授。

> 我对布伯几乎抱有敌意，主要是因为他对战争的态度太暧昧了。

在受邀为布伯主持的、旨在探讨犹太人和犹太复国主义问题的杂志《犹太人》撰稿时，本雅明就公开表达了他的感受。

从本雅明 1916 年夏天所作的一系列片论中，我们可以清楚地看到与朔勒姆在前期的智识交往对他产生的启发性影响。

其中最重要的成果是论悲剧和悲苦剧（Trauerspiel）之戏剧形式的两份片论。悲剧是指古希腊戏剧，它以时间、地点和动作的统一为特征。与此不同，17 世纪的德国悲苦剧却是现代的，因为它的特点是**非**统一性。我们可以通过举出悲剧和悲苦剧的范例来点明两者的差异。

古希腊悲剧

　　古希腊戏剧好比一个魔环,在其中,主人公的全部存在都在同一时间、同一地点和同一情节中得到悲剧性的圆满完成。时间最终是由戏剧形式本身决定的。每到关键节点,戏剧语言都会精辟地概括出剧中人物的一生,以及由此而招致的整个命运。比如,俄狄浦斯的一生就在他对斯芬克斯谜语的著名解答里做了一次预演。

悲苦剧 *

悲苦剧则不然。它是寓言式的。解决冲突的理念跨越了形式的界限，戏剧时间更接近于**音乐**时间。在本雅明看来，莎士比亚的《哈姆雷特》就是悲苦剧的一个典型，这部剧充满了暧昧、阴谋和延宕，最终以灾难收场。

悲苦剧的关键特征将在《德意志悲苦剧的起源》(*The Origin of German Tragic Drama*，1928)里得到更深层次的揭示。

---

* Trauerspiel（德文）意即"悲苦剧"，又译"悲悼剧"，区别于古希腊悲剧（Tragödie）。Mourning Play 为 Trauerspiel 的英译。原文标题"*Trauerspiel* or Mourning Play"含有该德文名词与其英译，中间加以连接词"or"（意谓等同），意在向英文读者解释该外语。考虑中文翻译无须效仿此法，故直接译为"悲苦剧"。——译者注

论语言

《论语言本身和人的语言》是本雅明在 1916 年写的最后一篇片论，该文借评论人类的堕落和《创世记》的故事，展现出一种具有原创性的语言哲学。

在这篇文章里，本雅明参照语言之间的翻译经验——这里是指人类语言、神性语言和物的语言之间的相互转译——来建构一般的经验模式。

大自然自有它的一套语言，人类语言不过是它的一种微弱且变形了的回声。

本雅明的语言学研究很大程度上受到了更早时候**格奥尔格·哈曼**（Georg Hamann, 1730—1788）对康德所作批判的影响，那是一种语言学"元批判"。

康德在《纯粹理性批判》中提出，经验是时空直观和知性的四类范畴相互融合的产物。

格奥尔格·哈曼认识康德，他对《纯粹理性批判》提出了非常尖锐的批评，认为它忽视了语言所发挥的重要作用。"不仅思想的全部能力以语言为基础，而且语言也是理性自我误解的核心。"

本雅明对康德的批判没有停留在哈曼的语言学元批判的层面上，在论说文《未来哲学纲领》("The Programme of the Coming Philosophy", 1918）中，他对康德的批判更进了一步。他批评康德把经验概念建立在了数学和科学经验模式的基础上。他争论说，经验的领域理应扩展，艺术经验和宗教经验都应该涵括在内。

一个拒斥用咖啡渣来占卜未来的哲学……不可能是真正的哲学。

本雅明提出用一种**绝对**经验来丰富康德的批判哲学，事实上，这要通过保留形而上学的可能性来实现。尽管这种做法在很多方面表现为非康德式的，但是本雅明认为这在康德哲学的范围内仍然可行。

自由经验

本雅明还颇为关注在"经验理论与自由理论"之间建立新关系的可能性。根据康德的《判断力批判》(1790),正是在经验的本质中,想象力永远不可能同理性与自由的观念相统一。

色彩经验

1916年关于语言哲学的论说文为本雅明赢得了应有的赞誉,不过,它们却不应掩盖他同一时期所作的另一系列片论,这些论及的是色彩哲学。1915年,本雅明写下《关于彩虹的对话》("Dialogue on the Rainbow"),他在这篇文章里发展出了一种基于色彩经验的经验哲学。

颜色并没有什么固定的色值,它会因为周遭色彩的不同而产生变化。

这是本雅明康德批判的另一个方面。

通过假定色彩的连续性,本雅明替换了康德设定的两种区别:(1)感性与知性的区别(知性赋予感觉的时空质料以形式);(2)认识主体与认识客体的区别。

把事物从感官意象中分辨出来的,既不是我,也不是我的知性。我不是那个看到什么的人,我只是个正在观看的人,我看到的不是事物,而仅仅只是色彩。而我自己也身披色彩,融入到这片景色当中。

德国浪漫派的艺术批评

本雅明 1919 年的博士论文揭示了康德哲学对 19 世纪初期德国浪漫派的影响。在扩展康德的经验问题,使其容纳视觉艺术这方面,德国浪漫派已经先于本雅明做出了尝试。本雅明指出了两种浪漫主义的艺术批评观,它们分别由**奥古斯特·威廉·冯·施莱格尔**(1767—1845)和**约翰·沃尔夫冈·冯·歌德**(1749—1832)概括出轮廓。

> 批评家在面对艺术作品时,必须提取并创造新的意义。如果做不到这一点,艺术作品的内在生命也就枯竭了。

> 在施莱格尔看来,艺术作品的意义是未完成的,批评家的任务就是要尽可能地完成它的意义。

毁灭的概念

在本雅明的博士论文以及后来的著述中,他所要强调的都是施莱格尔秉持的观点。

只有当批评家一层一层地剥开艺术作品的外衣,走向对其"内在奥秘"的认识时,一部艺术作品才算真正完成。

但是这个完成过程是以**毁灭**外观——作品的美——为代价的。

本雅明后来更充分地发展了这一重要的毁灭理论。

与父母的争执

博士论文的完成标志着本雅明在学业成就上的终点。他和朵拉在布里恩茨湖畔的伊瑟尔特瓦尔德小镇生活时,他的父母曾到此居住。本雅明试图不让父母知道自己已经博士毕业,这么做不是因为谦虚,而是他生怕父母会因此要求他出去找份工作。他的父亲是典型的商人,因为德国的通货膨胀陷入了财务危机。

你应该考虑在银行谋个职位。

你打算怎么养家糊口?

还要供得起你收藏现代艺术品和古书的爱好?

我们有权在经济上啃老。

保罗·克利(Paul Klee, 1879—1940)的水彩画《新天使》(*Angelus Novus*)是本雅明收藏中的典型,它是本雅明于1921年春在慕尼黑购得的。他生前所作的最后一篇文章《历史哲学论纲》("Thesis on the Philosophy of History", 1940)就是对这幅画的专门省思。

失败的编辑

本雅明对未来的打算是办一份学术刊物，由自己担任主编。机会在 1921 年的年中出现了。精明的出版商理查德·维斯巴赫（Richard Weißbach）向他伸出橄榄枝，请他做杂志的主编。

然而这项计划却因为难以协调的利益冲突而流产了。

或者换一种说法:在艺术赞助和商业获利这两种极为陈腐的观念之间,出现了一次冲突。这也成了本雅明"大规模的失败"中的头一个。

与格奥尔格圈子的矛盾

在 1919 年的博士论文中,本雅明对歌德的描写全然不同于 1832 年歌德去世后被树立起来的德国文学的伟人形象。这一形象主要是在德国诗人**斯特凡·格奥尔格**(Stefan George, 1868—1933)所领导的精英美学家圈子的巨大影响力下形成的。

我尊重格奥尔格的作品,但对他的门徒却抱有不小的敌意。他们基本主导了 20 世纪头三十年的德语文学批评。

本雅明选择的抨击对象是格奥尔格的门徒**弗里德里希·贡多尔夫**（Friedrich Gundolf, 1880—1931）。他在 1916 年的歌德传记研究中大事宣扬歌德的神话形象，令其盛行一时。

名副其实的伪知识，飞来神笔般的弄虚作假，嗜血如命的神秘主义。

他反对贡多尔夫传记写作中的造神倾向，反对他以牺牲歌德的"现代性"为代价，独尊歌德自传的重要性。与此相反，本雅明采用的是一种"内在批评"，意在对单一作品进行近距离的文本解读，他选择的是歌德的小说《亲和力》（*Elective Affinities*，1809）。我们将会看到这部小说的情节如何与本雅明的个人经历遥相呼应。

《亲和力》的故事

身为贵族的爱德华迎娶了夏绿蒂，他们生活在一座乡间庄园里。爱德华风度翩翩的上尉朋友和夏绿蒂的侄女奥蒂莉先后到访，加入了他们的庄园生活。

当夏绿蒂和上尉在彼此日渐强烈的吸引中苦苦挣扎时，先是爱德华，最终是无辜的奥蒂莉，也相互倾诉了他们对彼此的爱慕之情。爱德华和夏绿蒂的孩子出生了，这是宿命般的安排，它让奥蒂莉陷入了强烈的感情困扰，最终导致了两桩悲剧的发生。

首先,是小孩在湖中意外溺亡。其次,私通之事产生的罪恶感促使奥蒂莉最终同爱德华断绝了关系,在一所修道院里寻求庇佑。

奥蒂莉选择了完全消极的方式:禁语,绝食。她相信这样不仅会帮她祈得宽恕,还能获得一种神性形式。奥蒂莉死后不久,爱德华也随她而去了。

本雅明的亲和力

歌德的故事神奇般地在本雅明的个人生活中再度上演。早在 1921 年，本雅明和朵拉的婚姻就开始破裂。本雅明的老同学**恩斯特·舍恩**（Ernst Schoen, 1894—1960）来到他们家中拜访，他是一位音乐家、诗人和翻译家。

朵拉疯狂地爱上了他。

和小说的情节如出一辙，本雅明爱上了来到这幢房子的另一位访客——女雕刻家尤拉·科恩（Jula Cohn）……

然而，特殊的地方在于，本雅明未能赢得尤拉的爱。女人们似乎根本抓不到本雅明身上的任何性吸引力。

批评家的任务

歌德小说《亲和力》的德文标题——Die Wahlverwandtschaften——原本是 18 世纪化学领域的一个技术术语。它的化学含义在第四章经由上尉之口得到了解释，而在小说故事中，它象征情侣们的"交互吸引"，具有宿命般的讽刺意味。

那些物质一旦相遇，就会迅速地抓住对方，交互影响，这种性质我们称为亲和（affined）。这种亲和力（affinity）在酸碱相遇的情况下表现得尤为显著，尽管它们本身的性质截然对立，但也许正是因为对立，它们才会最坚定地去相互寻找，相互拥抱，相互改变，从而共同形成一种新的物质……

正是当亲和力引发分离现象时，它才变得耐人寻味。

德语中的"Scheidung"一语双关，意为"divorce"（"离婚""分离"）。"Scheidekünstler"的字面义是"离婚艺术家"，却同时还意指分析化学家。从某种意义上讲，本雅明身上也散发着某种"Scheidekünstler"的气质。

本雅明的《论歌德的〈亲和力〉》写于 1922 年，这篇文章写得的确令人叹为观止。他在方法上借用了德国浪漫派的"内在批评"，坚持根据小说本身的神话和命运的形式语言对小说进行具体的分析。但事实上，这篇文章还受到本雅明个人生活事件的影响。他曾向性学家**夏洛特·沃尔夫**（Charlotte Wolff, 1900—1986）咨询过自己的婚姻问题以及他与尤拉·科恩的关系危机。他为什么这么做？我们比较认同沃尔夫和朔勒姆的观点。

歌德笔下的人物并不是自觉的康德哲学的代理人，他们没有做出选择，也没有走进契约关系，而是被卷入了一场他们谁都无法自控的上演欲望与死亡的戏剧。

因为自己的感情牵绊和个人问题，本雅明才真正开始构筑这篇不朽的文论杰作。

我来透露一个简单但隐秘的真相：这部作品和它深刻的见解之所以可能，完全是因为本雅明是在与这部小说惊人相似的人伦关系下写就的。

译者的任务

本雅明对格奥尔格圈子文化垄断的抨击还在继续:他亲自翻译了**夏尔·波德莱尔**(Charles Baudelaire, 1821—1867)的作品。此前,格奥尔格已经完成了波德莱尔诗集《恶之花》的德译工作,该译本的意义颇为重大,而本雅明则通过自己的翻译对其提出了批评。

格奥尔格倾向于把波德莱尔的作品从它现代大都市的背景中移除,我的翻译则强调了巴黎的现代化无处不在。

别忘了,我的可人儿,我们在那个和煦的夏日清晨见到的那个东西是那样温情:那儿,在小路的转弯处,一具令人作呕的尸体躺在鹅卵石铺成的花坛上,它的腿高悬在空中,像个淫荡的妇人,燃烧、渗出有毒的东西,冷冷地讥笑着打开它发臭的肚子……*

* 引自《腐尸》(1843?)。——原书注

《译者的任务》是本雅明被阅读得最多的作品之一,它是本雅明翻译波德莱尔《巴黎风貌》时所作的译者序言。该文写于1921年,发表于1923年。在这篇文章中,本雅明把理论焦点从个别词句的翻译转移到不同语言之间的移译上。依他的观点,在把波德莱尔译入德语的过程中,德语这门语言本身也随着法语诗篇的流入而发生了改变。

所有伟大文本的**字里行间**都包含着潜在的翻译可能……

本雅明的工作总是"在对语言的兴趣下"展开。此时,他正在扩展他在1916年发表的论说文《论语言本身和人的语言》中提出的普遍翻译理论。

藏书家……

像大多数知识分子一样，本雅明的私人藏书总是在不断扩大。由于经常搬家，他常常不得不面对书籍的打包和解包。最初在一个广播节目中，他回顾了藏书对他的重要性，他曾买过相当数量的既有情感价值，又有收藏价值的卷帙，还谈论了其他人对知识分子藏书癖的看法。后来这些内容就落实成了这篇文章——《打开我的图书馆》（1930）。

书还没有被摆上书架，还没有被略嫌乏味的秩序所干扰。

……& 媒体人

我只是叽里咕噜地把材料塞进机器里。它对我没什么吸引力，除了在经济方面。

一个需要驳斥的无稽之谈是，本雅明一生中很少公开发表作品。事实上，除了三部著作以外，他发表的杂志和报刊文章多得难以计数，还有相当数量的译作和会议发言，以及多达九十多次的电台广播。作为一名文化评论家，本雅明受惠于魏玛共和国蓬勃发展的媒体产业；这些再加上他翻译工作的报酬，是他在 20 世纪 20 年代和 30 年代初的主要收入来源。

里格尔对决沃尔夫林

作为文学评论家和语言哲学家,本雅明的声誉是很稳固的。但由于对艺术的各种论述复杂而且分散,本雅明对艺术批评的贡献被大大低估了。进入本雅明艺术批评理论的关键在于理解两位重要的艺术史学家——海因里希·沃尔夫林和**阿洛伊斯·里格尔**(Alois Riegl, 1858—1905)——截然对立的两种观点。他们之间最主要的分歧在于:

沃尔夫林视艺术史为一系列不同的风格阶段;人们按照艺术标准,通过衡量上升或者衰落而对各阶段做出判定。

奥地利艺术史学家阿洛伊斯·里格尔以他的划时代著作《罗马晚期的工艺美术》(*The Late Roman Art Industry*, 1901) 打破了这种传统的形式主义。罗马统治西方的最后阶段，即公元 400 年前后的罗马艺术在此前一直被认为走向了衰落，过去关于艺术技巧的经典标准已经全面崩溃。但里格尔却不认同这种判断。

罗马帝国晚期的艺术并没有衰落，而是处在从**古代**向**现代**过渡的必要转型期。

为了解释这种转型，里格尔引入了一个在本雅明看来至关重要的概念："艺术意志"（Kunstwollen），或"内在的艺术驱动力"。这意味着始终存在着一种指导艺术生产并保证艺术史连续性的基本**目的**。

从触觉到视觉的转变

古代艺术从触觉（感知）元素向视觉（空间）元素的过渡体现了"艺术意志"的内在推动力。在最初的基础阶段即触觉阶段，对物体进行近距离观察的触觉视点强调背景之上的清晰轮廓，如埃及艺术和阴刻浮雕。

> 这类艺术避免详尽地描述对象，比如透视法、运用阴影或者专门着力于面部表情的刻画。

第二个阶段延续了人像构图的触－视觉标准，其典范是古希腊艺术，尤其体现在它的浮雕艺术中。人像的透视缩短和阴影等元素确实存在。但视觉或"空间化"的视点——也就是说，纵深的程度——仍然是受限的。

那些人物造型被牢牢地固定在一个触觉平面上。

当进入第三个阶段即视觉阶段时,对象的呈现就彻底变成三维的了,典型代表是罗马晚期的艺术文化。身体之间的空间距离表现为是可以测度的,尽管它们的构型仍然与平面构成一定关系,但相互之间已经没有了触觉联系。这要靠加深投影来实现,对象则有融入环境之中从而模糊自身的倾向。

那些人像被牢牢地固定在一个触觉平面上。

这种"近"与"远"相对的观者视点在本雅明 1936 年所作的文章《可技术复制时代的艺术作品》("The Work of Art in The Age of Mechanical Reproduction")中结出了思想果实。

正如本雅明指出的那样,从先前被理论定性为"衰落时期"和"重返野蛮"的艺术中,里格尔认出了一种新的空间经验和一种新的艺术意志。

解体的美学观

和本雅明一样,里格尔也借鉴了从康德到**黑格尔**(1770—1831)发展而来的德国浪漫派艺术理论——"解体的美学"观。该美学观从本质上把自然触觉形式的衰退视为艺术的一种发展,这种发展将导致观赏者在更宏大的想象活动中"丧失自我"。而悖谬的是,这种触觉连贯性的崩溃导致了主体性的增强,从而向实现自由又迈进了一大步。

透过**伦勃朗**（1606—1669）的群体画，里格尔准确地发现了视觉主体价值的发展。

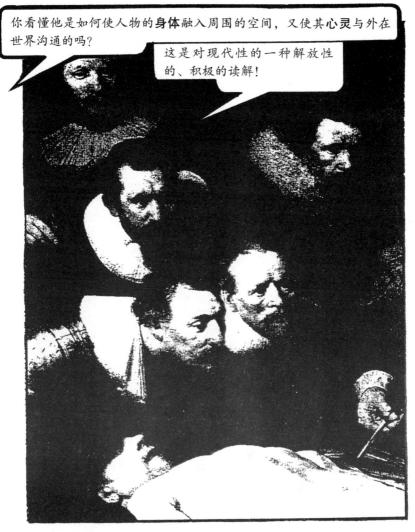

你看懂他是如何使人物的**身体**融入周围的空间，又使其**心灵**与外在世界沟通的吗？

这是对现代性的一种解放性的、积极的读解！

当本雅明的研究焦点集中于现代性的过渡时，他独特的**废墟**概念扩展了"解体的美学"的观念。

里格尔的结构主义

里格尔的艺术史研究方法还有一个非常重要的维度。他拒绝接受"高雅""二流""装饰"艺术等传统的等级划分。在他看来,它们都在结构上互相关联,这使得他能够从结构上分析从古埃及到希腊、罗马和拜占庭风格的植物装饰图案,以及它们留下的遗产——伊斯兰文化中的"阿拉伯风格图案"。

> 艺术冲动作用于细节,即便在那些所谓的二流艺术中也是如此……

艺术批评家的任务

让我们来看看里格尔这个榜样如何启发了本雅明自己的艺术批评灵感。本雅明作于1914—1915年的短论《一个孩子的色彩观》就是典型。

对儿童来说,色彩就是轮廓,而不是涂抹在物体表面的一层别的什么东西。

本雅明说,儿童并不关心他们通过触摸感知到的三维空间,这让人想起了里格尔所说的艺术的第一阶段即"触觉"阶段。在关于彩虹的纯粹想象中,色彩体现了孩子"在艺术中的生命",因此可以说,从儿童的世界里已经能够辨认出**艺术意志**的存在了。

儿童图书

本雅明对儿童图书的研究兴趣又一次集中在色彩问题上。他搜罗到一些很珍贵的古代绘本,但都放到他儿子斯特凡够不着的安全地方——那些其他的绘本才是给斯特凡看的。

聚精会神的孩子走进这些书页里,就像一朵云彩一样,内心充满了图画世界里的绚彩缤纷……

童真般的开放和广博的学识是本雅明的特点。他对儿童艺术和绘本的色彩分析为他提供了关于艺术哲学的省思材料,他于1917年所作的《绘画,或符号与记号》和《绘画与形象艺术》就是我们看到的两篇作为成果的文章。

我们可以想象本雅明和朵拉在 1917 年一起参观柏林艺术画廊"风暴"展的场景。他们一同欣赏了**瓦西里·康定斯基**（Wassily Kandinsky, 1866—1944）和**巴勃罗·毕加索**（Pablo Picasso, 1881—1973）的现代主义画作。

符号是印刻在东西上的，记号则是从东西中显现出来的。这是绘画中极其重要的差异。记号的领域即是**媒介**。

记号多半出现在生物体上——比如胎记或红晕……

我脸上泛红是因为我怀孕了——人们都盯着我看！

线条还是色彩?

借里格尔的精神思考的本雅明同沃尔夫林的论争还在继续,这体现在他关于"记号媒介"的反思上。

本雅明仍然忠实于他 1915 年所作的《关于彩虹的对话》一文中所描述的色彩哲学。依本雅明之见,颜色没有固定的色值,它的值随着与其他色彩之间关系的变化而变化。

立体主义对图像空间进行重新组织的做法,让沃尔夫林的观点显得极为贫乏。立体主义绘画并不是通过线条来描绘凸显于背景之上的人物的,而是将人物与背景融为一体。线条则显现于色块之间的交叉处。

平面艺术是**应用**线条的艺术。绘画则是让线条**浮现**的艺术。

技术的光学镜

现代主义艺术让本雅明认识到**经验**本身经历了一次剧烈的转变。在传统的等级模式中,经验被理所当然地认为是人物得以勾勒的基础(就像沃尔夫林可能会说的那样)。

在现代经验中,再也没有一个可靠的基础了,存在的只是一系列由**技术**引发的不断变化着的关系。

本雅明从里格尔那里学到,艺术中的任何等级划分都不是一成不变的。包括大众媒体在内的每一种艺术在现代经验的技术组织中都不代表任何确定性的地位。

收藏家

本雅明对所谓二流视觉艺术的热情关注被理论化了，这在 1937 年的评论文《爱德华·福克斯——收藏家和历史学家》中得到了精彩的陈述。福克斯（Fuchs, 1870—1940）是一位对收藏有着拉伯雷式热情的睿智收藏家，曾论述过漫画、色情艺术和唐代陶瓷的平民化艺术形式。本雅明和他颇为意气相投。

如果没有收藏家，很多器物很可能就遗失不见了，他是它们的救星。

在这篇文章中，像在其他地方一样，本雅明通过留意之前被认为是"二流"的艺术形式，就"高雅"艺术做出了重要考察。

游民本雅明

本雅明一生都在游弋中寻找真实的现代经验。对他而言,旅行作为"一种国际性的文化活动"是获取这种经验最好的方式之一。

旅行可以消除植根于惯常环境中的旧的热爱,给人机会去产生新的激情。

本雅明的不断游历使他有机会接触各式各样的建筑、城市生活、艺术和政治环境,这些都丰富了他的现代性经验。

初识马克思主义

德国的通货膨胀和整体氛围压抑得令人难以忍受。于是,1924年春天,本雅明动身去了那不勒斯海湾的卡普里岛,那里他可以享受6个月物美价廉的生活。同年也是墨索里尼在意大利实行法西斯独裁统治的第一年。和战后的德国一样,意大利战后主要在都灵组织的建立苏维埃社会主义政权的尝试(1919—1921)以惨败告终,法西斯主义大获全胜。

本雅明有在旅途中写日记的习惯。早在1913年,他就写下这样的话:日记追问存在,并"赋予时间以深度"。

本雅明经常光顾卡普里的一家名叫"希蒂格格"的咖啡馆。然而在他遇见的德国以及其他国家的知识分子中,却"几乎没有什么值得一提的人物",唯一值得关注的例外是特立独行的马克思主义哲学家**恩斯特·布洛赫**(1885—1977)。1919年,他与本雅明第一次会面就给本雅明留下了深刻的印象。布洛赫当时正在写一部名叫《理论化的弥赛亚主义体系》(*System of Theoretical Messianism*)的著作。

本雅明后来谈到布洛赫时曾说:"我尊敬他,因为他是我的作品的最杰出的鉴赏人。"

本雅明在日记中还提到了另一次咖啡馆邂逅。那次他遇到一位来自里加的拉脱维亚女人——阿斯娅·拉西斯（Asja Lacis），一个在剧院工作的布尔什维克。后来，他们之间萌生了一段浪漫的假日恋情。

经过多番发生在咖啡馆和卧室里的讨论，本雅明思想中独特的马克思主义形式渐趋成熟，但主要还是与他阅读**格奥尔格·卢卡奇**（Georg Lukács, 1885—1971）的《历史与阶级意识》（1923）有关系。

中介

卢卡奇作品中的一个关键概念是**中介**。这意味着不存在什么社会"事实":任何观察者都不能把社会现实的任何方面视为最终的或内在完整的存在。中介承认,在"事实"形成的过程中,其特殊的"直接性"不断地被"总体的"现实所克服。无产阶级的意识要实现这种对"直接性"的超越,必须采用的唯一形式就是共产党。

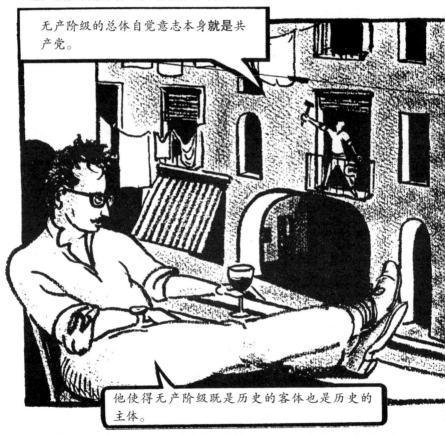

无产阶级的总体自觉意志本身**就是**共产党。

他使得无产阶级既是历史的客体也是历史的主体。

卢卡奇意在实现德国古典唯心主义的目标:把作为客观现实的自由和作为人性自身所创造的自由统一起来。正如卢卡奇后来所说,这是一次"黑格尔式的超越黑格尔"的尝试。

物化

物化是卢卡奇最为关心的问题：在历史发展的资本主义阶段，"物化"使社会存在转化为"res"（拉丁语中的"物"），使意义的世界空洞化。一切都被物化为**商品**，以至于这个被人类创造的世界变得充满敌意和陌生感。黑格尔称之为"异化"，马克思将其阐析为"商品拜物教"。那么文化又遭遇了怎样的蜕变呢？

卢卡奇为本雅明提供了一种精致的新马克思主义文化理论：作为一种社会性的中介力量，文化能够否定现状，而不是被解释为"仅仅是意识形态"的东西。

布尔什维克的宣判

"一战"结束后,奥匈帝国解体,在**库恩·贝拉**(Kun Bela, 1886—1939)的领导下,匈牙利建立了另一个短命的苏维埃共和国,在其中卢卡奇是一位活跃的文化委员。然而该政权在 1919 年仅维持了短短 6 个月就解体了!卢卡奇的这段革命经历并没有使他免于第三国际知识分子的口诛笔伐:他被谴责为异端分子。

不仅是共产党人,甚至魏玛共和国的社会民主主义理论家都对《历史与阶级意识》进行了抨击。卢卡奇本人也被迫否定了自己的著作。

那不勒斯的多孔性

卢卡奇早期的"唯心主义"作品深刻影响了新马克思主义的法兰克福学派以及后来的新左派。很明显,让本雅明感兴趣的应该是正统马克思主义理论之外的那些思想。卢卡奇悲观地认为在现代资本主义社会中,意识不可避免地被市场条件所左右。

正如那不勒斯所呈现的那样,这里的城市经验远非卢卡奇认识中的那样同质化。

我们应该写点关于那不勒斯的东西。

本雅明和阿斯娅于 1925 年合写了散文《那不勒斯》,该文引入了**多孔性**的核心概念,它必须同时从空间和时间两个向度来加以理解。

空间与时间的多孔性

那不勒斯的空间多孔性表现在私人空间和公共空间的混合交融中:居所延伸到了街道上。类似地,这座城市在时间上也没有任何定态。

你无法分辨一座建筑到底是在建造当中呢,还是已经在腐烂和坍塌。

"那不勒斯与其他大城市的不同之处是它和非洲村舍的共同点:每一种私人的态度或行为都渗透着公共生活的湍流。这里有白天和黑夜的相互交织,有街道和居所的水乳交融。"

本雅明对那不勒斯的多孔性大为激赏的同时,也看到了它的另一面。这座城市里充斥的即兴可能和意料之外的变动不居也为黑手党**卡莫拉**的有组织犯罪提供了条件。本雅明在那不勒斯见识到三个相互交织的权力网。

教会、卡莫拉和法西斯政府——它们之间的边界是"多孔的"。

独裁者的访问

本雅明关于那不勒斯的回忆中有一桩特别引人注目的事件——法西斯独裁者**贝尼托·墨索里尼**（Benito Mussolini, 1883—1945）视察那不勒斯。"各式各样喜庆的节日装饰都无法掩盖人们对此次事件的冷漠。"

本雅明在这里预见到 1933 年希特勒窃权后在柏林的胜利游行，这一事件对现代性的未来的影响要可怕得多。

初遇拱廊街

《那不勒斯》给出的一个关于多孔性的例子就是拱廊,这也是拱廊街形象在本雅明作品里的首次出现。"在一个玻璃顶覆盖的集市上有一家玩具店,丝毫不逊色于童话般的画廊。"19世纪初期到中期,建造拱廊街风靡一时,这拓展了钢铁和玻璃技术的新的可能。

那不勒斯的维克托·伊曼纽尔拱廊是当时最为宏伟的拱廊建筑之一。

本雅明从拱廊街中看到了百货公司的建筑原型。

但是,这种新的公共生活形式的可能性也被用来为商品效劳。

本雅明对玻璃哲学的兴趣源于科幻作家**保罗·希尔巴特**的《玻璃建筑》(*Glass Architecture*, 1914)。这种新的形式通过打破私人空间和公共空间的界限彻底改变了现代生活——这正是那不勒斯的街巷让本雅明如痴如醉的地方。

跳到未来看一看……

与那不勒斯的"多孔性"形成鲜明对照的是本雅明在柏林的城市经验,这里的私人空间与公共空间、街道与居所之间泾渭分明,壁垒森严。观念艺术家、美籍犹太人**丹·格雷厄姆**(Dan Graham,生于 1942 年)在他的家乡纽约也注意到了这一现象。不过在纽约,这种现象是玻璃建筑的现代主义国际性风格的结果;与最初追求通透的理想相反,它事实上像镜子一样映照出了周围的环境,从而加强了公私领域之间的界限。

1978 年,格雷厄姆设计了一座"多孔"屋,它是**一幢郊区住宅的改造品**,代表了设计者对显然存在于大多数城市中的边界管控的批判。

过去、现在和未来

刚刚我们提前跳叙到了后现代的观念艺术实例,是为了突出本雅明1924年研究现代主义时的思考方向。那时,本雅明接触"游离于正统之外"的马克思主义不过是为了证实和加强他追溯现代经验起源的构想。这项规划要求他绘制出现代经验,尤其是资本主义的经验形式的过去、现在和未来。

本雅明的关注焦点集中于19世纪和20世纪政治和技术革命中的张力、可能性以及背叛。

莫斯科日记

1926年12月6日至1927年2月1日,本雅明造访莫斯科。他希望亲身体验俄国从资本主义现代性脱离的"社会主义式退出"。他的到访适逢苏联的一个关键转折点。**列宁**于1921年引入了"新经济政策",在一定程度上解放了市场。然而,本雅明观察到的却是享受特权的党内干部、一夜暴富的"耐泼曼"*和见于大街小巷的贫困。

当时正处于**斯大林**(Stalin, 1879—1953)强力推行他的第一个五年计划的前夕。随之而来的是"大清洗"和"古拉格"。

---

* 耐泼曼:Nepman,指20世纪初由于"新经济政策"的实施,出现的能雇用劳力,并能保留他们在经营中所获利润的农民和新商人。——译者注

本雅明访苏的另一个个人动机是要看望他的"假日情人"阿斯娅·拉西斯,她在精神崩溃后住进了一家精神病院休养。本雅明所描绘的莫斯科,人人都在试图揣度政治路线接下来可能会拐向哪里。

列宁辞世后,本雅明见证了人们对他的崇拜。他看到,从公共机构到厨房和洗衣店,到处都是列宁的肖像画和雕塑。

本雅明早在1921年的《暴力批判》("Critique of Violence", 1921)一文中就从理论上预见了警察权力的可能性。

为了和阿斯娅共享圣诞晚宴，本雅明花钱点了一只鹅。这顿饭做得很糟糕，它被分给了围坐在一张桌子上的六到八个人。餐桌上人们只说俄语，阿斯娅也懒得为他翻译。

俄语……快把我逼疯了！回到柏林对我简直是解脱。

本雅明在苏联看不到希望。莫斯科代表着一种城市的未来，但他觉得这样的未来毫无吸引力。尽管他1923年就与朵拉分居（最终于1930年离婚），但他与阿斯娅之间到此也无果而终了。

不过，本雅明离开莫斯科时至少还有两个正面的收获。一是阿斯娅的指导让他对俄语戏剧倍感兴奋，这为他进一步了解德国马克思主义剧作家**贝托尔特·布莱希特**（1898—1956）的先锋戏剧打开了视野；另一个则是他再一次明确自己需要深化对资本主义起源的理解。

比起认识莫斯科，通过莫斯科来认识柏林要更快一些。

统治暴力

让我们把时间拉回到 1921 年,那时的本雅明正开始精心构建一种政治哲学,其灵感来源于一系列非正统的思想资源,其中最主要的是恩斯特·布洛赫的表现主义哲学著作《乌托邦精神》(*The Spirit of Utopia*, 1918)和乔治·索雷尔阐述无政府主义主张的《论暴力》(*Reflections on Violence*, 1908)。《暴力批判》是本雅明规划内的政治哲学著述中幸存下来的主要片论,它对现代自由主义国家采取了一种无政府主义的立场。

现代国家建立在保留暴力的法律的基础上。它体现为保护私有财产,由幽灵般的警察暴力维护。

本雅明将自由警察国家的工具性暴力与"无产阶级总罢工"进行了对比。

本雅明视总罢工为"神圣暴力"的一种形式,从这一点来看他对 20 世纪 20 年代初期的政治神学做出了思想贡献,**卡尔·施密特**(Carl Schmitt)作于同时期的《政治神学》(Political Theology,1934)就是典型体现。施密特是一位反对自由民主的极端保守主义者,在 20 世纪 30 年代成为一名纳粹分子。

资本主义的宗教

在与新教保守派弗洛伦斯·克里斯蒂安·朗（Florens Christian Rang）的精彩通信中，本雅明表达了自己的政治思想与美学和哲学关切之间的联系。朗1923年的离世让本雅明深感难过。这是多么典型的本雅明的特质，从各种不同甚至明显互不相容的思想资源中汲取养分！

朗向我指明了新教改革的文化史方向。

本雅明对宗教改革的浓厚兴趣在1921年的片论《作为宗教的资本主义》（"Capitalism as Religion"）中表露无遗，该文还预示了他后来在主要著作《德意志悲苦剧的起源》和《拱廊计划》中发展出的一些论点。

人们关于资本主义现代性起源的争论源于德国社会学家**马克斯·韦伯**（Max Weber, 1864—1920）。在《新教伦理与资本主义精神》（*The Protestant Ethic and the Spirit of Capitalism*, 1904）这部影响深远的著作中，韦伯提出新教教义对资本主义的形成起到了至关重要的作用。而本雅明则在《作为宗教的资本主义》中批评韦伯还是不够激进。

早期的新教教徒把经济上的成功解释为得到天选的标志。

不，不是新教信仰促进了资本主义，而是资本主义本身变身成了一种宗教。

资本主义是基督教改革的寄生虫，甚至取它的主人而代之。

用本雅明的话来说，我们所拥有的是资本主义的"绝望的放逐"，这是一种奇怪的状态。这种状态下，绝望本身成为一种世界的宗教现象，它寄望于以此来得到救赎。"上帝的超越性已经走到了尽头。"

德意志悲苦剧的起源

  这是对资本主义转型阶段的宗教改革文化的研究。从字面上看,这确实是一个"阶段"(stage),因为本雅明的模型是悲苦剧的巴洛克形式。篇首的题词"构思于 1916 年,作于 1925 年"凸显了该书与本雅明 1916 年所作片论之间的连贯性,后者论述了古典悲剧和悲苦剧之间的区别(参见本书第 33—35 页)。理解悲苦剧的关键在于追问:人们在为什么而**悲苦**?为何要这般浮华矫饰?或者正如剧作家**丹尼尔·卡斯佩斯·冯·洛恩施泰因**(Daniel Caspers von Lohenstein, 1635—1683)所说……

戏剧就是一个人进入,另一个人就退出;它以眼泪开始,以悲泣结束。是的,在死亡之后,时间对我们依然玩弄不休,当肮脏的蛆虫钻进我们已经腐烂的尸体……

  这些戏剧就是为了满足那些需要巴洛克式夸张的悲恸者。

什么是"巴洛克"?

"巴洛克"一词源起何处尚无定论。有人认为该术语的原意为"形状粗糙的珍珠",也有人认为它意指"怪诞""奇异"或"夸张无度"。运用到美术、建筑、文学和音乐等不同领域时,"巴洛克"一词的含义略有不同。**雅各布·丁托列托**(Jacopo Tintoretto, 1518—1594)的寓意画《银河的起源》就展现了巴洛克艺术"怪异放纵"的特点。

巴洛克艺术以寓言的方式言说。

该"乳状物"的寓言意象与巴洛克诗人**理查德·克拉肖**(Richard Crashaw, 1612?—1649)的一首颂诗可谓相得益彰。克拉肖是一位英国诗人,他在反宗教改革运动的鼎盛时期皈依了天主教。他创作过一首歌颂抹大拉的玛丽亚的诗歌,其中的一节就足以表明"悲苦"的隐喻是如何古怪地盘桓往复的。

看哪,一颗受伤的心,和流血的双眼,在那里合谋。
她到底是火焰的源泉,还是哭泣的火焰!

你望天而泣。
上天的胸怀汲饮温柔的泉水。
那里有乳汁缓缓地流动,
上面的你的漂浮物,是奶油。
上天之上的河流,它们是什么?
我们得到的最好的教导,来自眼泪和你。

但**在**巴洛克的社会背景中,究竟是什么促成了这种夸张的寓言形式呢?

政治神学

马丁·路德（Martin Luther, 1483—1546）为宗教改革规定的最基本教义是，得到救赎的恩典**仅仅**取决于虔敬的信念，这一教义否认任何左右人行动的精神影响。信念贬低了生命的价值，**忧郁**因此成了必然的结果。悲苦剧以一个孤独而忧郁的人的目光为我们揭示这个世界。

相反，在反宗教改革运动的过程中，天主教对新教的回应是重申教会的救赎权威，赋予耶稣会会士以权力，扩大宗教法庭，也恢复了世俗领域的天主教精神。

洛恩施泰因、**安德烈亚斯·格吕菲乌斯**（Andreas Gryphius，1616—1664）和其他德国巴洛克悲苦剧作家都信奉路德宗。本雅明指出，相比那些被广泛遗忘的德国悲苦剧剧作，莎士比亚和信奉天主教的西班牙人**卡尔德龙·德·拉·巴尔卡**（Calderon de la Barca，1600—1681）创作出了远为重要的悲苦剧作品。不过，这一体裁还是有一些共同的形式要素——都以"作为舞台的世界"和"悲苦事件的布景"开始。

虚无主义的玩具箱

如果说舞台是一具棺木,那么它也是哑剧演员从中登场的世界玩具箱。他们出演的角色是其典型体现:玩弄阴谋的邪恶廷臣(伊阿古);心不在焉或耽于空想的英雄(哈姆雷特);集暴君和殉道者形象于一身的国王,要么篡位要么被篡位(哈姆雷特的父亲);滑稽的评论者、小丑、愚人以及弄臣。

在悲苦剧中，人物的行动是不连贯的，语言和姿态具有误导性，决断被不断延宕，结局成为一场虚无主义的灾难，比如哈姆雷特就"意外地"死于一柄毒剑。

这些扑克牌人物看似演绎了封闭神学系统下的巴洛克时代背景，即新出现的君权神授的统治者和专制国家的统治，但事实上，他们是在哀悼这舞台之下向资本主义现代性过渡的社会现实。世界被耗尽了意义，路德派唯一的惨淡希望就是这荒谬的无意义可以转变为救赎之源。

象征、寓言和毁灭

本雅明以一篇令人望而却步的《认识论批判序言》开启了他的研究,该文处理的是关于**起源**的问题。起源被描述为"生成之流中的漩涡",也就是说,起源既在时间**内**又在时间**外**。起源的这种特性——超出时间之外的同时又受到时间的影响——使本雅明能够把**寓言**确定为巴洛克文化的关键特征。

古典悲剧的关键在于**象征**,它在即使不够完美的美丽表象下表征永恒的真理。

寓言则相反,它通过表象的毁灭来呈现真理的**暂时性**。

本雅明以一句著名的箴言概括道:
"思想王国中的寓言就如同实物王国中的废墟。"

从一开始，悲苦剧就被设定为一片**废墟**。现在就很清楚了，分析巴洛克戏剧中的寓言为本雅明揭示了现代性的起源。现代经验以一种不连贯的方式被体验为震惊。借助于废墟和**短暂无常**的巴洛克寓言，现代经验的碎片化本质得到了"源起式"的呈现。

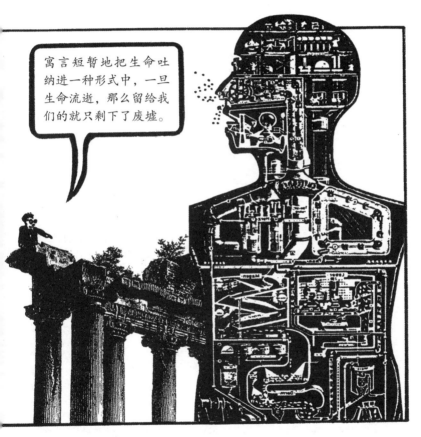

"一切坚固的东西都烟消云散了，一切神圣的东西都被亵渎了，人们终于不得不冷静地直面他们生活的真实状况……"——卡尔·马克思:《共产党宣言》(*Manifesto of the Communist Party*, 1848)

一桩大学丑闻

1925 年,本雅明为获取大学任教资格,并确保自己经济的独立做了最后一次孤注一掷的努力。他向法兰克福大学文学史教授弗朗茨·舒尔茨(Franz Schulz)提交了他的**悲苦剧**研究作为资格申请论文。事后证明,这是本雅明"大规模失败"中的又一个。

就这样,**悲苦剧**论文在不同院系之间兜兜转转,却令人震惊地无人理解,直到本雅明撤回申请。"受辱被驱也好过主动撤退。"

整个过程就好像一出巴洛克学术哑剧，本雅明在剧中沦为了那些玩弄阴谋的伺臣的牺牲品。他的"新天使"再一次跌落到地上，甚至被剥夺了它的美。

1928年，本雅明在罗沃尔特出版社出版了《德意志悲苦剧的起源》。

学者眼中的童话

今天我们看到的依然是一个流行于不同大学院系间的碎片化的本雅明，在各种不同的意义上，每个院系都试图声称他是"他们"的一部分。也许本雅明早在他创作的一篇诡秘的寓意童话中就预见到了这一点，该童话原本计划当作《德意志悲苦剧的起源》的序言，但后来被放弃了。

我想再讲一遍
美丽的睡美人的故事

她睡在荆棘丛中。
多年之后，
她终于醒来

但不是因为
白马王子之吻。唤醒她的人
是厨师，他给了
帮厨的男孩一记响亮的耳光
声音带着它被压抑的力量
盘旋在古堡
长达数年之久。

不要让白马王子穿上
闪闪发亮的现代
知识的危险铠甲。
因为当他拥抱他的新娘时
就会被她咬伤。

恰恰相反，要唤醒她，作者
为自己保留了
厨师的角色。
这一巴掌的兑现来得过迟
它曾试图在学问的通道中
令多重的回声
盘旋。

单行道

学术路上的溃败可能让本雅明更加潜心于马克思主义。他转而为更广大的媒体受众写作,同样出版于 1928 年的《单行道》就是典型一例。这部由碎片化的观察和列表组成的短作,融合了寓意和新客观主义(Neue Sachlichkeit)的风格。新客观主义是 20 世纪 20 年代末在德国占主导地位的一种艺术运动,这种新风格反映了现代城市经验日益增长的冷漠:对感情冷冰冰的拒绝,用质疑的目光"如其所是"地展现客观世界以及对技术的狂热崇拜。

温暖感正从物品当中消退。不要指望从你的邻人那里得到什么安慰……

公交车检票员、公务员、工人、售货员——他们都通过自己的粗鲁展现出这个物质世界的莫大威胁。

单行道即景:文字

本雅明预见到将会发生在图形阶段的一种"未来的图像写作"。

1. 文字开始慢慢地平躺下来……

从直立的碑文,到斜面书桌上的手稿,直到最后平躺在印刷书籍上……

2. 文字又开始直立起来……

报纸是竖着读的,电影和广告也在垂直的平面上叙述……

3. 三维的索引归档系统让书籍变成了明日黄花……

4. 跳跃到未来的图形领域:统计和技术图表——一种国际流动的文字系统——以及进入互联网的"以太"……

……和技术

以一种寓意式的"新客观主义"风格,本雅明深入思考了潜藏在现代技术中的利益和风险。

战争的毁灭之夜令我们惊骇,像极了癫痫突然发作时的极乐气氛。紧随其后的革命则是人类去控制该全新机体的首次尝试。

超现实主义者本雅明

本雅明的写作和超现实主义对日常生活的"无意识入侵"有很多共性，但这层关系并未得到足够的重视。在他的文章《超现实主义：欧洲知识界的最新快照》(Surrealism: the Last Snapshot of the European Intelligentsia, 1929)中，**世俗启迪**被定义为超现实主义真正的革命目标，该目标的实现可以从大麻或鸦片开始，不过它们却比不上极易起效的"思想的麻醉剂"。这一点可以恰如其分地描述本雅明本人。他脑海里又一次萦绕着那个他所称的"超现实主义在其所有作品和事业中都据以为中心的规划"。那么，这项规划是什么呢？

为革命去获取沉醉的力量。

他指责超现实主义者与神秘学和通灵术勾勾搭搭，不过这还有可能是他对自己思想中固有的神秘主义的一种自我批评。事实上，许多超现实主义者在20世纪20年代都成了共产主义者。

"特迪"和"贝尔特"

就像他的人生一样,本雅明的友情似乎也全由巧合决定,福祸相依。借用亚里士多德的话,他可以来一句这样的哀叹:"我的朋友们啊,这世上根本就没有朋友。"朔勒姆在 1923 年就定居巴勒斯坦,不断地为本雅明出主意,责怪他是一个逃离明媚的应许之地的"远离的声音"。本雅明的另外两段友谊在 20 世纪 30 年代开始变得复杂,却也促成了丰硕的思想成果:这两个人分别是特**奥多尔("特迪")·维森格伦德·阿多诺**(T. W. Adorno, 1903—1969)和贝托尔特("贝尔特")·布莱希特,他们代表了同一时期马克思主义的两个对立的极端。

法兰克福研究所

特奥多尔·维森格伦德·阿多诺是法兰克福社会研究所最杰出的人物之一。该研究所成立于1923年,是一家汇聚了社会科学家、哲学家和精神分析学家的极具影响力的机构,旨在更新马克思主义,彻底地解剖现代社会。研究所打造出一个现在常遭滥用的术语——"批判理论",它是针对当时非批判性的现象学、逻辑实证主义和教条斯大林主义马克思主义的解毒剂。他们非教条的"辩证唯物主义"理论,以及在美学、电影、大众文化和政治等方面令人惊讶的广泛研究兴趣,都与本雅明不谋而合。

我们必须面对自马克思时代以来已经发展变化了的资本主义的现代条件。

他们同我研究现代性的碎片方法是一致的……此外,研究所还可以帮到我。

的确,研究所发表了本雅明的研究成果,并在经济上对他提供了资助。而不无讽刺意味的是,自1930年起担任研究所所长的**马克斯·霍克海默**(1895—1973),曾经是1925年否决本雅明**申请教授资格论文**的法兰克福大学评审学者之一。

同中有异

尽管阿多诺及其同事的激进马克思主义看起来是以革命为前提的,但事实上,正如该研究所的历史学家马丁·杰伊(Martin Jay)所观察到的那样,"……法兰克福学派选择坚守其理论的纯粹性,超然于任何的党派关系",无论是社会民主党、共产党还是其他政党。其实,这个马克思主义"学派"最适合的土壤是当时尚未登上历史舞台的情境——"冷战"和20世纪五六十年代的"新左派"潮流。那种"纯粹性"体现在阿多诺优雅精妙、纹理致密的散文风格中——这与布莱希特简洁短悍的表达方式大相径庭。

"粗犷的思考"是戏剧人物麦基的典型特征,他出现在布莱希特最著名的作品《三角钱歌剧》(1928)中。它的意思是将思想简化,使其明确化,从而付诸革命**实践**。

1923年，本雅明在法兰克福大学初遇"特迪"，但他们之间的友谊在20世纪30年代才渐渐成熟。在30年代，本雅明还经常来往的另一个人是布莱希特，他们是1929年在阿斯娅·拉西斯的引见下认识的。布莱希特常常不留情面地批评本雅明，叫他**"小香肠"***。据朔勒姆说，本雅明是被布莱希特粗粝的"运动型"品格所吸引。尽管有诸多不同，但他们却惺惺相惜，彼此间有着深刻的相似性。

布莱希特让我明白了两件事情——**消磨战术**和**当下时间**。

接下来就让我们来看看，布莱希特的**消磨战术**和**当下时间**到底指的是什么。

---

* 小香肠：Würstchen，指不被重视、无足轻重的可怜人。——译者注

"以柔克刚"

"消磨战术"出自布莱希特的一首诗,该诗是对中国圣贤老子的箴言"以柔克刚"的转述。

那么"允诺和教导"的是什么?由于法西斯主义的胜利和苏联社会主义的蜕化,布莱希特和本雅明的思想中都形成了唯物主义悲观论,而实际上,这种论断恰恰是为**希望**设计的:在他们所预见的又一个黑暗的千年里,去争取更长期的生存希望。生存需要智慧,需要"如水一般"柔软、悄然——这就是**消磨**的妙处。

"过去的现在,当下"

"只有书写历史的人才拥有从过去煽起希望之火的禀赋,他坚信,倘若敌人获胜,即便是死者也会失去安全。"这句话出自本雅明《历史哲学论纲》(1940)的第六条,该文表达了他对改写代表逝者的过去的一贯警惕。不过,这又是如何与布莱希特所坚持的**当下时间**联系到一起的呢?

不要从好的旧东西开始,而要从坏的新事物出发。

过去和未来爆炸性地汇聚于当下这一时刻。时间凝固了。

革命性的**当下**时间"炸开了历史的连续统一体"。在这个意义上,时间得到了救赎;也只有在这个意义上,弥赛亚才会降临。

蒙太奇的技艺

在布莱希特灵活机巧的方式中,其战术性的"粗犷思考"必然与本雅明所发展的**寓意式**思考结成同盟。作为作家的他们天生都是喜鹊*,对碎片化的现代体验异常敏感。布莱希特美学的精要之处,就在于用直觉捡拾意义显豁的碎片,粘贴彼此相异的各个地方,从而使观众在震惊之余能够更新自己的认知。

这种技艺就叫作蒙太奇。

寓意映现的是资本主义**忧郁**的起源。蒙太奇是现代技术的一种非忧郁的表现形式。

这种出现在报纸、广播和电影等大众媒体中的蒙太奇手法,布莱希特已经运用自如。他将马克思主义的革命内容倾注于这种形式之中("坏的新事物")。

---

* 喜鹊:magpie,喻指爱收藏(无价值物品)的人。——译者注

黑暗时代开始了

远在伊比沙岛(又开始了漂泊!)的本雅明思考着 1933 年 1 月第三帝国的开幕大典。

本雅明已经在考虑流亡了。他(具有异常可怖的先见之明)毫不怀疑地确信,纳粹德国是"一列火车,直到所有人都上了车,它才会开动"。

大独裁者……

不久后,本雅明回到了柏林,目睹了纳粹上台后最初几个月的景象:焚书、街头暴力和希特勒歇斯底里的演讲。

空气已经不再适合呼吸。这不是说人要窒息了,最主要的还是遭遇了经济难题。

此时他的经济状况严重恶化。报纸编辑不再允许他发表文章,除非用假名。3月中旬,他动身前往巴黎。"除了巴黎,还能去哪儿呢?"

……看上去像查理·卓别林

在流亡丹麦斯文堡期间，本雅明常去探访布莱希特。他们一起通过广播听到了希特勒1934年在国会大厦的演讲，还把这位"大独裁者"比作电影明星查理·卓别林扮演的"小流浪汉"。

布莱希特在剧作《阿尔图洛·乌伊势可遏制的崛起》(The Resistible Rise of Arturo Ui, 1941)中把希特勒勾勒成一个卑劣的诈骗犯，他靠"篡改自己的形象"而飞黄腾达。这出戏遭到了阿多诺的严厉批评。

作为生产者的作者

1934年4月24日,本雅明在巴黎法西斯主义研究所发表了公开演讲《作为生产者的作者》。他号召左翼艺术家"站到无产阶级一边来"。这在当时的巴黎算不上激进;可他的路径却是真正激进的。以地道的布莱希特的风格,本雅明主张"进步的"艺术家要像革命工人一样,介入艺术的生产手段,从而改变传统媒体的"技术"。

本雅明指出报纸是"激进的形式和内容"的典范:"一个巨大的融合过程,它不仅打破了存在于各种文体类型之间、作家与诗人以及学者与大众之间的传统界限,甚至还质疑了作者与读者之间的严格区分。"

语词被最大限度地贬值的地方——报纸——成了展开施救行动的最佳场所。

显然,本雅明已经完全领会了布莱希特关于"坏的新事物"的粗犷思考的模式,以及如何通过消磨而在革命中寄放希望。尽管如此,布莱希特却总是说他从来都搞不明白本雅明到底在讲什么!

复制的时代

本雅明 1936 年的文章《可技术复制时代的艺术作品》也许是他最著名却也总是被误读的杰作。让我们首先从本雅明对电影的分析开始。他将电影视为技术对现实的重组。

卓别林出演的电影以一种更自然的方式实现了达达主义者希望在观众那里达到的效果。

"电影这种艺术形式,它的步调与现代人类不得不面对的日益严峻的生命威胁是一致的。"在西班牙内战(1936—1939)刚刚揭开序幕时,这种"威胁"便显露无遗。

画家和摄影师

对城市居民的第一次闪电战轰袭对准了巴斯克人的都城**格尔尼卡**（1937），它也因毕加索以此事件创作的名画而"为后世铭记"。我们或许要问，本雅明对此是如何看待的：在这样一个大规模屠杀的时代，画家凭什么才能同摄影师一较高下？画家就像一名魔法师，通过施展"手抚头顶"的技艺来疗愈病人。

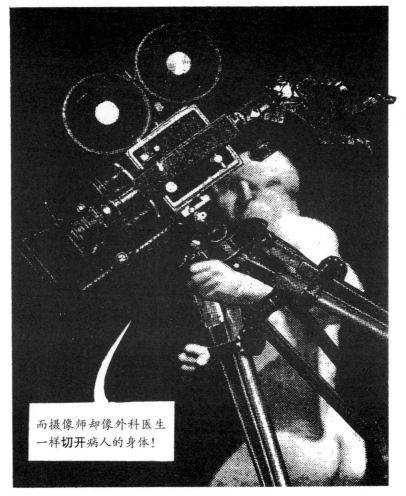

而摄像师却像外科医生一样**切开**病人的身体！

大规模复制

本雅明密切关注着大规模的技术复制对艺术产生的持续性影响。如果一幅"不朽"的名画——比如梵高的《向日葵》——被机械地复制到明信片、海报甚至邮票上,而**忽略**原作的尺寸、地点和历史,那么将会发生什么?

本雅明所说的"光晕"(aura)是什么意思?它指的是艺术作品在传统社会形态的合法化过程中所扮演的习俗性的历史角色,即艺术作品的"仪式功能"。

光晕的历史

纵观整个文化史,艺术作品的存在都依赖于其所属的**地位**:它们的存在主要归功于它们在社会要素的整合过程中所产生的意义。作为宗教崇拜的对象,艺术作品拥有**唯一性**和**本真性**的"光晕"。于是,本雅明得出了他对光晕的著名定义……

一定距离之外的独特显现,无论它有多近。

在这个意义上,光晕的"距离"是**不可测量的**。我们还应当注意到,本雅明在这里所用的术语仍然受到里格尔的影响,他所研究的艺术简史同样受其影响。

文艺复兴时期的绘画以其对世俗美的崇拜,史无前例地向艺术生产的仪式基础发起了挑战。一场围绕艺术自治的漫长而艰苦的斗争由此拉开了序幕,在经历了浪漫主义之后,这场斗争在**唯美主义**中达到了高潮……

……19世纪末的唯美主义者主张"为艺术而艺术"。

在19世纪的资本主义制度下,艺术的商品化泛滥成风,唯美主义在美学领域内为恢复"神圣"光晕而做的最后一次努力正是对这种现象的积极反抗。但与"为艺术而艺术"一同出现的,还有摄影术,以及绘画所面临的危机。

光晕的衰退

技术在艺术作品的生产和接受过程中的干预作用变得愈发显著,甚至有消解艺术作品的倾向,到了 20 世纪,这最终导致了光晕的衰退。要用大批量机械复制的复制品来替代独一无二的原作,就必须摧毁独具光晕的艺术作品的生产基础——时间与空间的唯一性,艺术作品正是据此方能宣示其权威性和本真性。

我所谈的是技术对艺术的玷污,和它最终导致的艺术的转型。

不确定性和模糊性

尽管"技术所导致的艺术转型"可能蕴含了艺术在政治运作方面的激进潜力,但本雅明对此的态度却是暧昧不明的,因为他同时看到,这么做也可以被用来支持传统的,甚至是反动的法西斯政治。确实,在法西斯主义对政治暴力进行粗鲁而强势的审美化的刺眼光芒下,本雅明采用布莱希特的"粗犷"战术就变得完全可以理解。他的对策是以彼之道还施彼身。"在荷马时代,人类是奥林匹克众神观照的对象,现在,人类是它自己的观照……"

> 人的自我异化已经达到了这样一种程度,它可以把自身的毁灭体验为最高级的审美快感。

于是,本雅明发出了他那句著名的宣言:"这便是法西斯主义所鼓吹的政治审美化。共产主义对此所做的回答是艺术政治化。"

"光晕距离"的丧失也许标志着一个建立在普遍平等和个人自主性基础上的新伦理秩序时代的到来，简而言之，它也许标志着商品拜物教的终结和被异化的消费者的消失。但在他早期的一篇论作《摄影小史》("A Short History of Photography"，1931)中，可以看出他对光晕消逝的模糊态度。在文中，他称赞阿杰特（Atget）总是拍摄空荡无人的巴黎风景照，好像一方超现实的**空旷之地**。

> 它们就像隐藏了某种罪恶秘密的犯罪现场。

他宣称摄影师的任务是"从他的照片里发现罪行"。什么罪行？阿杰特拍摄的照片没有暴露任何犯罪的证据：一切都空空如也。与其说阿杰特把对象从光晕中解放出来，不如说他的摄影作品的力量在于它们对光晕的**暗示性的占有**。

对本雅明立场的批判

但有人向本雅明指出他错了。大规模复制实际上以一种意料之外的方式**增强**了光晕。再去想一想梵高的《向日葵》吧。大规模复制下作品的可获得性大大增加了这幅画在**货币价值**上的光晕,并使光晕又一次远离了那幅独一无二的远方珍宝的所在地。

然而在 1936 年,出于种种原因,这篇文章让马克斯·霍克海默(此时他已经和其他几位研究所成员一起流亡到了纽约)和阿多诺都大伤脑筋。

如果跳出当时特定的政治形势与论争原委,就会发现本雅明的所谓"错误"仍然具有独创性,原因正在于"光晕"那尚未解决、亟待深入挖掘的模糊性。

在阿多诺 1938 年搬到纽约之前,他一直居住在英国,还常在巴黎会见他的朋友。他批评本雅明的文章,因为它"非辩证地"接受了技术复制艺术,并且把一切自律艺术都当作本质上的"反革命"而加以拒绝。阿多诺指出,这篇文章没有意识到某些现代主义艺术彻底放弃了已经退化的光晕,转而支持一种断片式、非和谐的形式美学结构,比如**阿诺德·勋伯格**(Arnold Schoenberg, 1874—1951)的十二音音乐。

卡夫卡和本雅明的神秘主义

其实,本雅明早在 1934 年就写过一篇评论——《弗朗茨·卡夫卡》。他选择在斯文德堡布莱希特居住的乡间小屋里写下这篇文章,以纪念卡夫卡逝世十周年。

本雅明对卡夫卡作品的密集研究始于一篇深奥的短文——《关于一部神秘剧的构想》("Idea for a Mystery Play", 1927)。1931年,他为电台做了卡夫卡小说《中国长城》的评论。但为什么要和冷漠的布莱希特讨论卡夫卡呢?朔勒姆对此做出了充满智慧的评论:"在这些对卡夫卡的反思中,他的'雅努斯面孔'——就像本雅明喜欢说的那样——表现出鲜明的轮廓。面孔的一面展示给布莱希特,另一面展示给我。"

卡巴拉

朔勒姆带领本雅明进入了卡巴拉的智慧之门。卡巴拉是犹太诺斯替教的一套神秘主义学说，它的经典文本是 13 世纪写于西班牙的《光明篇》。朔勒姆把这部经典也一并推荐给本雅明，还建议他从《约伯记》开始研究卡夫卡："……或者至少从神圣审判的可能性开始，我认为这是卡夫卡创作的唯一主题。到卡夫卡这里，世界仅此一次被表现为一方无法期待救赎之地。把这些和那位**外邦人**好好传讲一番吧！"**外邦人**——大概说的是布莱希特？

卡夫卡的视角是一个困在车轮底下的人的目光！

哪一个本雅明？

奇怪的是，尽管醉心于犹太教神秘主义，但本雅明却在同期的 1934 年发表了《作为生产者的作者》。那么，哪个才是"真正的"本雅明——马克思主义者本雅明？犹太教神秘主义者本雅明？我们不应该只看到本雅明在多重领域内的相互龃龉或对立，而更应该关注它们之间持续不断的对话。正如本雅明自己所说的那样，思想、精神和政治承诺之间无须被强制性地紧缚在一起。

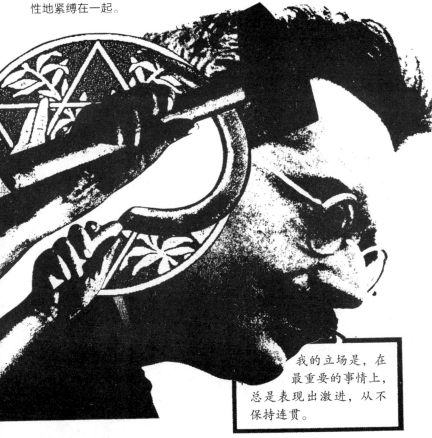

我的立场是，在最重要的事情上，总是表现出激进，从不保持连贯。

正如《光明篇》所说："……那时，世界将会和谐，一切都将合而为一，但在此未来世界建立之前，这道光会被收起并隐藏不见。"

拱廊计划的起源

马丁·杰伊写道,巴黎是被本雅明"选中的城市",这里"既是他流亡的落脚地,也是他作品中占据支配地位的隐喻"。这点早在他迷恋巴黎的"寓言诗人"夏尔·波德莱尔时就已经显而易见。但是,去写一篇关于巴黎拱廊的研究文章,是他在和朋友弗朗茨·黑塞尔(Franz Hessel)一起散步时闯入的念头。那一年是 1926 年,黑塞尔正和本雅明合作,翻译马塞尔·普鲁斯特的《追忆似水年华》(À la recherche du temps perdu)。

一个核心的建筑主题

最早一批巴黎拱廊兴建于 19 世纪早期,有时还会占据好几条街道,上面全部用玻璃封顶。吸引本雅明目光的是建筑内外的同时性,人在其中又是一种那不勒斯式的"多孔性"体验;尤其吸引他的是那些鳞次栉比的时尚商店,玻璃窗墙后面陈列了琳琅满目的商品。

这是"芝麻开门"的入口,让我们来揭开商品拜物教的神秘面纱……

1927 年至 1929 年,本雅明积攒了各种笔记、计划和草稿,为撰写一篇文章做准备。这篇文章有一个象征性的标题:《巴黎拱廊:一个辩证的童话》("Paris Arcades: A Dialectical Fairytale")。

马拉松式的计划

1929 年,在柯尼施泰因的度假浴场,一番同阿多诺、霍克海默和阿斯娅·拉西斯的讨论让拱廊计划有了更清晰的马克思主义形态。在本雅明看来,这个计划与他的悲苦剧主题有着密切的寓言式联系,是 19 世纪的认识论"悲苦剧"。大约 5 年后,流亡巴黎的本雅明像鼹鼠一样一头钻进国家图书馆的档案资料里,然而研究却远远超出了他的计划范围。

蔚蓝的天空中布满了无数页纸张的灰尘……我正在耗尽我青春的最后时光!

本雅明没有料到,他的计划会膨胀成一项巨大的**不可完成的**任务——要在出版的问题上与在纽约的社会研究所进行艰难的争持,还要在战争的威胁下与时间赛跑。

唯物主义的腹语术

无论计划能否完成,本雅明的目的是要做什么?他要以"最大程度的具体性"处理拱廊时代的历史遗迹——建筑、技术和人工制成品,将它们视为现代性的先驱,换言之,它们是**昔日目睹了现今时代的证人**。这不仅仅是一种"工业考古",更是以寓言的方式,促使那些死去的目击者重新说出它们与我们这个时代之间的"隐秘联系"。

特立独行的历史学家

我们理所当然地认为意识形态是上帝赋予的东西,是经济、社会和政治生活中自然的或不可避免的"事实"。马克思第一次解构了这一支撑资本主义经济的意识形态假设。但问题在于,马克思主义关于历史进步的信念使得它对其他可能导致历史**倒退**的内在冲动视而不见。在本雅明与众不同的视角下,法西斯主义就是这样一种现象。它并不是朝向野蛮的突然倒退,而是已然深深扎根在 19 世纪资本主义"先进文化"中的冲动的复归。弗洛伊德主义者或许会将其称为"被压抑的复归"。另一个问题是,马克思主义的意识形态批评提供的是关于社会经验的**理论**,而不是经验本身。

幻象与辩证意象

　　幻象是出现在马克思《资本论》里面的一个术语，它指的是用来在屏幕上迅速变换物体尺寸的光学装置。本雅明正是受到该术语的提示，找到了描绘感官即时性的方法。在**路易·菲利浦**王朝的统治时期（1830—1848）和**拿破仑三世**的第二帝国时期（1852—1870），资本主义现代性在巴黎成了关注的焦点。本雅明如何用清晰有力的"辩证意象"（dialectical images）来展现这种文化的**倒退因素**及其**乌托邦潜能**呢？他开始把堆积如山的研究笔记整理成花花绿绿的索引卡。

　　"巴黎，19世纪的首都"是另一幅帮助我们进入这座庞大的材料迷宫的"蓝图"，本雅明于1935年把它提交给了阿多诺和研究所。我们现在就来看一看。

巴黎，19世纪的首都

1. 傅立叶，或拱廊街

商业大动脉穿过了整条街区的房屋，业主们从房产投机中获利……我们如何去感受拱廊的倒退和乌托邦之间的矛盾性？

煤气灯被首次运用于照明

玻璃和钢铁在建筑上联姻

但钢铁的功能却被伪装成古希腊式的圆柱

这一切全是人造物！

本雅明专注于装饰的细节以及触觉和光学要素，里格尔的方法在他这里又一次展露无遗。

在这里，从这些短暂存在的拱廊，甚至陈列于店铺里的昙花一现的时尚用品中，我们可以发现一丝乌托邦愿景的痕迹，它寄望于实现一种彻底令人满意的**社会生产**体系。社会哲学家**查尔斯·傅立叶**（1772—1837）设想了一个奇谲的乌托邦，他将其命名为"**和谐**"。那么在他的构想中，他的乌托邦人民定居在何地呢？

2. 达盖尔，或全景画

玻璃和钢铁结构，拱廊和**全景画**一时间联袂而至。全景是在观众面前徐徐展开的一轴长长的风景画，映现出白天到黑夜、月出与瀑布的完美幻景。这些画面把乡村景色带入了都市（另一种乌托邦意象），它们领先于摄影，直接指向了电影艺术。

摄影作为一种营销和广告手段，将极大地扩大商品的销售规模。

路易斯－雅克－曼德·达盖尔（Louis-Jacques-Mande Daguerre, 1789—1851）于 1839 年发明了**银版照相法**，他最初是一名全景画师。

3. 格兰维尔,或世界博览会

世界博览会始于 1851 年的伦敦,它是人们对商品幻象的朝圣。如今商品已经成为大众娱乐,在其中人们自己变身成为商品。这就是**让·伊尼亚斯·伊西多尔·杰拉德·格兰维尔**(Jean Ignace Isidore Gérard Grandville,1803—1847)艺术背后的秘密。他的艺术最终以疯狂而告终,他丰富的插画想象后来走向了乌托邦主义和倒退的两个极端。

乌托邦,是因为他把商品的现代化特性延伸到宇宙本身。

而倒退,是因为他完美地把商品拜物教冷嘲热讽地玩弄于股掌之上。

格兰维尔把有生命的身体缝合到了**无机体**之中。拜物教其实就是对无生命对象所散发的"性魅力"的"臣服"。随后,时尚将规定商品拜物教所要求的膜拜仪式。

4. 路易·菲利浦，或居室

被称为"平民国王"的路易·菲利浦是名出有因的。他的生活是资产阶级家庭生活的缩影：育有十个子女，头戴高顶礼帽，手持一把收好的雨伞，在巴黎街头和群众打成一片。在他执政时期，出现了"独自的个人"（private person），他们不惜一切代价想要维护一种完全独立于共同办公空间的私人生活空间的幻想。于是，就出现了资产阶级居室的种种幻境：客厅就像是世界剧院里的一个私人包厢。

收藏家是占有这个内部宇宙空间的完美居住者。

但"占有"还是留下了**痕迹**——就像阿杰特的照片一样,那里也留下了**犯罪的秘密**踪迹。1843年创作了侦探小说的**埃德加·爱伦·坡**(1809—1849)在他的《家具哲学》中就捕捉到了这种可怕的特质。

5. 波德莱尔，或巴黎街道

拱廊街解放了逛橱窗的人的目光。波德莱尔用"游荡者"（flâneur；游手好闲的人）来描述这种新出现在"人群中的人"。他们是城市漫步者，是资产阶级上班族的对立面。

游荡者和散漫不羁的密谋家融为一类，他们是一群没有稳固经济地位的**波希米亚艺术家**。

加入到他们行列中的新型人物还有花花公子和附庸风雅之徒。

正如我们在普契尼（Puccini）创作的《波希米亚人》(*La Bohème*, 1896）中看到的那样，波希米亚人与妓女以及死亡都有着天然的联系。波德莱尔《恶之花》的最后一首《航行》以一声召唤结束全诗——"哦，死亡，老船长，是时候了，让我们起锚吧！"那么他的目的地是哪里呢？"到未知的深处，去寻找**新的东西**！"

时尚和商品的新奇性。

6. 奥斯曼,或街垒

乔治·欧仁·奥斯曼男爵（Baron Georges Eugène Haussmann, 1809—1891）是拿破仑三世时期的塞纳河总督,他自称是"拆迁艺术家"。因为他,我们才有了今天看到的巴黎,巴黎才有了宽阔的林荫大道和长长的透视远景。为了打造他理想中的远眺即景,他破坏了位于市中心的工人阶级居住区,而真正目的其实是阻止修筑街垒的行动,这是1848年革命时期的一项战略。

因此，尽管奥斯曼的行动是倒退的，一种意想不到的乌托邦元素还是悄然而至。在 1871 年的公社起义和 1968 年的五月风暴运动中，街垒再次筑起，其间还有许多其他形式的抵抗！

和研究所的冲突

我们刚才看到的那份不到 12 页的大纲虽然有指导作用,但也有误导性。因为它几乎没有暗示本雅明这项由引文和评论构成的庞杂的蒙太奇计划永远都不会有完成的那一天。这份 1936 年的"纲领"最初的确给阿多诺留下了深刻的印象,他找到研究所,为本雅明这项"杰出"的项目申请经济资助。但阿多诺的热情很快就被翔实的批评意见所取代。就这样,一场旷日持久的拉锯战开始了,直到 1939 年才以研究所"资助人"出版了两篇关于波德莱尔的减版论文而告终。

危机重重的流亡

"比起更为小型的建筑来说,巨大建筑的废墟更能生动地体现出设计的理念,无论前者被保存得多么完好。"本雅明在悲苦剧论文里的这番原话使我们确信,他的拱廊研究并非得不到诠释。事实上,他在 20 世纪 30 年代写下的所有重要文章都可以理解为是这项不可能完成的整体的一部分。但是到了 1939 年的春天,本雅明已经身陷严峻的险境。盖世太保正在设法取消他的国籍——对于一个公开活跃在共产主义圈子里的犹太人来说,这是一个不祥的消息。在和阿多诺于 1938 年 1 月进行的最后一次会面中,本雅明拒绝了他让自己逃离巴黎前往纽约的恳求。

1939 年 9 月 1 日,希特勒入侵波兰,两天后法国和英国联合对德国宣战,这直接导致法国采取了拘留"预防"措施,为像本雅明这样的流亡者建起了拘留营。1939 年 11 月底本雅明才获释回到巴黎。

最后一次离开……

在本雅明被拘留之前,也就是战争爆发前夕,一位来自研究所的使者从纽约赶来拜访他。这位使者名叫迈耶·夏皮罗(Meyer Schapiro),是一位年轻的艺术史学家,研究本雅明和里格尔的作品,他被派去说服本雅明立刻移居国外。电话里,本雅明建议在**双叟**咖啡馆见面。但是他们怎么能认出彼此呢?本雅明说:"你会看到的。"夏皮罗和他的妻子莉莲就这样在咖啡馆里一直等……

夏皮罗没有成功。本雅明为什么不抓住这最后的机会逃难?也许他早已决定,要为拱廊计划工作到最后一刻?

神学与历史

1940年冬,本雅明完成了他的最后一篇名作《历史哲学论纲》。这18段简短的格言式"提纲"是作为临时的理论架构,来支撑波德莱尔在拱廊研究中的核心地位的。但它们也是本雅明用他这代人的全部经验对"新战争"做出的一种回应。正如本雅明在给阿多诺的信中所强调的那样,这篇不是为发表而写的。

我担心这篇论文在神学和历史唯物主义之间搭建的联系会被人们误解。

他的担心没错——这些"提纲"是他作品中最常被引用,也是最常被滥用的内容。它们也不可避免地让我们想起马克思本人的《关于费尔巴哈的提纲》(1845),尤其是第十一条和最后一条。"哲学家们只是用不同的方式**解释**世界,而问题在于**改变**世界。"

"提纲"摘选

提纲1：冯·凯佩伦男爵有这样一台象棋机器，它能与人对弈，每局必赢。棋盘放在一张大桌子上，桌旁坐着一个身着土耳其服装、口叼水烟壶的机器人木偶。几面镜子巧妙地给人造成一种错觉，让桌子看起来是完全透明的；而实际上，一个精通棋艺的驼背侏儒藏在里面，在指挥着木偶的每一步走棋。

这个木偶就叫"历史唯物主义"，它将战无不胜，倘若能够借助神学之力的话——而神学，我们知道，今天已经形容枯槁，不得不远离人们的视线了。

提纲9：这里又见克利的"新天使"。我们可以这样描绘这位历史天使——它的脸朝向过去。在我们看来是一连串事件的地方，它见到的是一整场灾难。灾难不断地把新的废墟堆加到旧的废墟之上，然后把这一切都抛在它的脚下。

时间不多了……

1940年5月至6月,法国在纳粹的闪电战中溃败。德国于6月14日占领了巴黎;盖世太保查封了本雅明的公寓。留给本雅明的唯一出路是向南穿过比利牛斯山脉入境西班牙。在动身离开之前,本雅明把他的拱廊研究笔记委托给了法国国家图书馆的一位图书管理员——**乔治·巴塔耶**(Georges Bataille,1897—1962),他是持不同政见的超现实主义者、反哲学家和色情小说家。

本雅明和其他同行的难友设法成功地越过了西班牙边境，抵达了海滨小镇布港。但西班牙政府突然宣布所有过境签证无效，而本雅明拿的正是这种本可以途经里斯本、最后安全抵达美国的过境签证。他们这批流亡者将在第二天被遣返回法国。那天夜里，本雅明拖着病体，心力交瘁，绝望地吞下了过量的吗啡片。布港官方记录的本雅明死亡日期是 1940 年 9 月 26 日，时年 48 岁。所留遗产于 1940 年 10 月 5 日被移交给一家西班牙法院。

辗转于途中

我们不得不怀疑本雅明是否真的打算离开欧洲。正如他在 1938 年 10 月给阿多诺的信中所暗示的那样,他将继续"辗转于途中"。"……我时常凝视着布莱希特的儿子斯特凡(Stefan)挂在他家墙上的纽约市地图,然后来回踱步于哈德逊河畔,你的房子所在的那条长街。"

欧洲文化中一些无可替代的精华随着瓦尔特·本雅明的离世一同烟消云散了。我们失去的不仅仅是一个智慧的头脑,更是一颗独一无二的心灵,一位挽救历史于消亡的饱含深情的救赎者。

末日

这位批评家孜孜以求的到底是什么?"当代意义",正如本雅明在 1922 年为创办《新天使》而做的计划书中宣布的那样。该刊物不幸以流产告终。"……如《塔木德》的一个传说所言,天使在每个瞬间都在以数不尽的数量重生;它们被创造出来,是为了陨灭和消逝于虚空中,只要它们在上帝面前唱过了圣歌。"

本雅明就是一座废墟,这很符合他寓言批评家的本性。可这是多么伟大的废墟啊!"在寓言的精神中,它从一开始就被构想为一座废墟,一份残简。也许其他东西还会像第一天一样光彩夺目;这种形式却能把美的形象一直保留到最后。"

延伸阅读

本雅明作品的英文译本

Charles Baudelaire: A Lyric Poet in the Era of High Capitalism, trans. Harry Zohn (London: New Left Books, 1973). Includes: "The Paris of the Second Empire in Baudelaire", "Some Motifs in Baudelaire", "Paris, the Capital of the Nineteenth Century".

Illuminations, ed. Hannah Arendt, trans. Harry Zohn (New York: Harcourt, Brace & World, 1968; London: Collins/Fontana, 1973). Includes: "Unpacking My Library", "The Task of the Translator", "The Storyteller", "Franz Kafka", "Max Brod's Book on Kafka", "What is Epic Theatre?", "On Some Motifs in Baudelaire", "The Image of Proust", "The Work of Art in the Age of Mechanical Reproduction", "Theses on the Philosophy of History".

Moscow Diary, pref. Gershom Scholem, trans. Richard Sieburth, ed. Gary Smith (Cambridge, MA: Harvard University Press, 1986). Supplemented by "Russian Toys", "Preface to a planned series for *Humanité*", letters to Gershom Scholem, Jula Radt, Siegfried Kracauer, Martin Buber and Hugo von Hofmannsthal.

Reflections: Essays, Aphorisms, Autobiographical Writings, ed. Peter Demetz, trans. Edmund Jephcott (New York and London: Harcourt Brace Jovanovich, 1978). Includes: "A Berlin Chronicle", "One-Way Street (selection)", "Moscow", "Marseilles", "Hashish in Marseilles", "Paris, Capital of the Nineteenth Century", "Naples", "Surrealism", "Brecht's *Threepenny Novel*", "Conversations with Brecht", "The Author as Producer", "Karl Kraus", "Critique of Violence", "The Destructive Character", "Fate and Character", "Theologico-Political Fragment", "On Language as Such and on the Language of Man", "On the Mimetic Faculty".

One-Way Street and Other Writings, trans. Edmund Jephcott and Kingsley Shorter (London: New Left Books, 1979). Identical with *Reflections*, except for "Small History of Photography" and "Eduard Fuchs, Collector and Historian".

Understanding Brecht, trans. Anna Bostock (London: New Left Books, 1973). Includes: "What is Epic Theatre?" (first version), "What is Epic Theatre?", "Studies for a Theory of Epic Theatre", "From the Brecht Commentary", "A Family Drama in the Epic Theatre", "The Country where it is Forbidden to Mention the Proletariat", "Commentaries on Poems by Brecht", "Brecht's *Threepenny Novel*", "The Author as Producer", "Conversations with Brecht".

The Origin of German Tragic Drama, trans. John Osborne (London: New Left Books, 1977).

Walter Benjamin, Selected Writings, Volume 1, 1913–1926, ed. Marcus Bullock and Michael W. Jennings (Cambridge, MA and London: The Belknap Press of Harvard University Press, 1996). 该选集中有大量迄今尚未发表的材料。

本雅明的研究文献

对本雅明作品的接受证明了本雅明对于今天之视角持续不断地改变着过去这一洞察的正确性。选择性的聚焦常常偏爱特定的文本或本雅明著述的某些阶段，而忽略了其他部分。由此，不同的关注点就做到了对本雅明作品内在结构的不断重组。以下列出的隶属于不同范畴的接受研究就是这一点的集中体现。

1. 艺术批评

The Theory of the Avant-Garde, Peter Bürger (Minneapolis: Minnesota University Press, 1984).

On the Museum's Ruins, Douglas Crimp (Cambridge, MA: MIT Press, 1993).

"Gordon Matta Clarke", in *Rock My Religion*, Dan Graham (Cambridge, MA: MIT Press, 1993).

"The Originality of the Avant-Garde", in *The Originality of the Avant-Garde and Other*

Modernist Myths, Rosalind Krauss (Cambridge, MA: MIT Press, 1984).

"Towards a Theory of Postmodernism: The Allegorical Impulse", Craig Owens, in *October*, no. 12, Spring 1980.

2. 建筑与城市批评

Architecture and the Text, Jennifer Bloomer (New Haven, CT: Yale University Press, 1993).

The City of Collective Memory, Christine M. Boyer (Cambridge, MA: MIT Press, 1994).

Privacy and Publicity, Beatriz Colomina (Cambridge, MA: MIT Press, 1993).

Benjamin's Passages, Pierre Missac (Cambridge, MA: MIT Press, 1995).

The Dialectics of Seeing: Walter Benjamin and The Arcades Project, Susan Buck-Morss (Cambridge, MA: MIT Press, 1989).

"Walter Benjamin's City Portraits", Peter Szondi, in Gary Smith ed., *On Walter Benjamin* (Cambridge, MA: MIT Press, 1988).

Architecture and Utopia, Manfredo Tafuri (Cambridge, MA: MIT Press, 1976).

3. 哲学

Aesthetic Theory, Theodor W. Adorno (London: Routledge, 1984).

Walter Benjamin's Philosophy: Destruction and Experience, ed. Andrew Benjamin and Peter Osborne (London: Routledge, 1994).

Walter Benjamin: The Colour of Experience, Howard Caygill (London: Routledge, 1997).

The Melancholy Science: An Introduction to the Thought of Theodor W. Adorno, Gillian Rose (Basingstoke: Macmillan, 1981).

4. 文学批评

"Conclusions on Walter Benjamin's 'The Task of the Translator'", Paul de Man, in *Yale French Studies*, no. 69, 1985.

The Dissimulating Harmony, Carol Jacobs (Baltimore: Johns Hopkins University Press, 1978).

Dialectical Images: Walter Benjamin's Theory of Literary Criticism, Michael W. Jennings

(Ithaca: Cornell University Press, 1987).

5. 马克思主义

Romanticism and Marxism, Marcus Bullock (New York: Peter Lang, 1987).

Walter Benjamin, or Towards a Revolutionary Criticism, Terry Eagleton (London: Verso and New Left Books, 1981).

"Walter Benjamin, or, Nostalgia", Frederic Jameson, in *Marxism and Form: Twentieth Century Dialectical Theories of Literature* (Princeton: Princeton University Press, 1971).

瓦尔特·本雅明传记

"A Portrait of Walter Benjamin", Theodor W. Adorno, in *Prisms* (Cambridge, MA: MIT Press, 1981).

"Introduction. Walter Benjamin, 1892–1940", Hannah Arendt, in *Illuminations*, trans. Harry Zohn (New York: Harcourt, Brace & World, 1968; London: Collins/Fontana, 1973).

Walter Benjamin: A Biography, Momme Broderson (London: Verso Press, 1996).

The Story of a Friendship, Gershom Scholem (London: Faber and Faber, 1982).

致谢

亚历克斯·科尔斯（Alex Coles）感谢 N.G. 女士（Mrs N.G.）和 J.R. 科尔斯先生（Mr J.R. Coles）。他的贡献要献给亚历克西亚（Alexia）。

安德泽耶·科里莫夫斯基（Andrzej Klimowski）由衷感谢多姆·科里莫夫斯基（Dom Klimowski）、纳塔利娅·科里莫夫斯卡（Natalia Klimowska）和达纽西亚·谢巴尔（Danusia Schejbal）在设计这本书时给予的宝贵帮助。

关于作者

霍华德·凯吉尔（Howard Caygill）：伦敦大学金史密斯学院文化史教授，著有《判断力艺术》(*The Art of Judgement*, 1989)、《康德词典》(*A Kant Dictionary*, 1995) 和《瓦尔特·本雅明：经验的色彩》(*Walter Benjamin: The Colour of Experience*, 1997)。

亚历克斯·科尔斯（Alex Coles）：*de-, dis-, ex-* 的创始编辑，不定期为《艺术与文本》(*Art & Text*) 供稿。目前在金史密斯学院攻读博士学位，同时也是该校的访问讲师。

安德泽耶·科里莫夫斯基（Andrzej Klimowski）：屡获殊荣的设计师和插画家，著名漫画小说《仓库》(*The Depository*) 的作者，皇家艺术学院讲师，同时还是为《毕加索入门》(*Picasso for Beginners*) 和《康德入门》(*Kant for Beginners*) 配图的插图师。

理查德·阿皮尼亚内西（Richard Appignanesi）：《后现代主义入门》(*Postmodernism for Beginners*)、《弗洛伊德入门》(*Freud for Beginners*) 和《列宁入门》(*Lenin for Beginners*) 的作者。身兼作家和出版者，是图标书局"初学者系列"(Beginners series) 的创始编辑。

排版：南希·怀特（Nancy White）

会话气泡设计：多姆·科里莫夫斯基（Dom Klimowski）

图画通识丛书

第一辑

伦理学
心理学
逻辑学
美学
资本主义
浪漫主义
启蒙运动
柏拉图
亚里士多德
莎士比亚

第二辑

语言学
经济学
经验主义
意识
时间
笛卡尔
康德
黑格尔
凯恩斯
乔姆斯基

第三辑

科学哲学
文学批评
博弈论
存在主义
卢梭
瓦格纳
尼采
罗素
海德格尔
列维－斯特劳斯

第四辑

人类学
欧陆哲学
现代主义
牛顿
维特根斯坦
本雅明
萨特
福柯
德里达
霍金